E
Espansione tedesca nel 1939-1940
Paesi alleati con la Germania
Territori rimasti agli Alleati nel 1940
Divisione della Francia occupata (26-06-1940)
Confini dell'URSS al giugno 1940
Petsamo
Murmansk
Salla
NLANDIA
Viborg
elsinki
Leningrado
ESTONIA
TONIA
UANIA
Mosca
Minsk
Kiev
BUCOVINA SETT.
BESSARABIA
ROMANIA
Bucarest
Sofia
BULGARIA
MAR NERO
Stalingrado
MAR CASPIO
UNIONE SOVIETICA
W0281121

LE SCIE

Arrigo Petacco

LA STRANA GUERRA

1939-1940: quando Hitler e Stalin erano alleati e Mussolini stava a guardare

MONDADORI

Dello stesso autore
in edizione Mondadori

Le battaglie navali del Mediterraneo nella seconda guerra mondiale
Dear Benito, caro Winston
I ragazzi del '44
La regina del Sud
Il Prefetto di ferro
La principessa del Nord
La Signora della Vandea
La nostra guerra. 1940-1945
Il comunista in camicia nera
L'archivio segreto di Mussolini
Regina
Il Superfascista
L'armata scomparsa
L'esodo
L'anarchico che venne dall'America
L'amante dell'imperatore
Joe Petrosino
L'armata nel deserto
Ammazzate quel fascista!
Il Cristo dell'Amiata
Faccetta nera
L'uomo della Provvidenza
La Croce e la Mezzaluna
¡Viva la muerte!
L'ultima crociata

«La strana guerra»
di Arrigo Petacco
Collezione Le Scie

ISBN 978-88-04-58304-2

Published by arrangement with Marco Vigevani Agenzia Letteraria

I edizione ottobre 2008

INDICE

LA STRANA GUERRA

I

TUTTO COMINCIÒ IN POLONIA

La «sporca dozzina» che fece scoppiare la guerra

L'uomo che fece scoppiare la seconda guerra mondiale si chiamava Alfred Helmut Naujocks, aveva ventisette anni ed era uno studente fuori corso di filosofia arruolatosi volontario nelle SS con il grado di Untersturmführer, sottotenente. Fanatico nazista, coraggioso e spericolato, era stato scelto personalmente da Heinrich Himmler, il comandante delle SS, affinché provvedesse a organizzare un «incidente» sulla frontiera polacca capace di fornire al comando della Wehrmacht la scusa ufficiale per giustificare di fronte all'opinione pubblica la realizzazione del Fall Weiss, il «caso bianco», ossia il piano per l'intervento armato in Polonia. «Questo piano» aveva ordinato il Führer a Himmler «deve essere pronto a scattare in qualsiasi momento dall'alba del 1° settembre 1939 in poi.»

I venti di guerra soffiavano già da tempo in Europa, ma si erano intensificati dopo l'annuncio del clamoroso patto di amicizia fra Hitler e Stalin, siglato a Mosca il 23 agosto 1939 dai rispettivi ministri degli Esteri, Joachim von Ribbentrop e Vjačeslav Molotov. Questo accordo, che nei suoi protocolli segreti prevedeva appunto la spartizione della Polonia fra il Terzo Reich e l'Unione Sovietica, consentiva a Hitler di realizzare il suo progetto aggressivo senza correre il rischio di provocare una guerra europea. D'altra parte, se si considera che, già prima della firma del patto, Francia e Inghilterra erano rimaste a guardare mentre i tedeschi si impadronivano dell'Austria e poi della Cecoslovacchia, era impensabile che osassero intervenire adesso che era loro venuto a mancare anche l'appoggio sovietico. Per questo Hitler era certo che, di fronte al fatto compiuto, gli occidentali si sarebbero limitati anche questa volta a manifestare soltanto a parole la loro sterile disapprovazione.

L'«incidente» che avrebbe dato fuoco alle polveri fu studiato nel massimo segreto da Himmler e dal comandante dell'RSHA, l'Ufficio centrale per la sicurezza del Reich, Reinhard Heydrich. Esso prevedeva la simulazione di un assalto da parte di finti soldati polacchi alla stazione radio tedesca di Gleiwitz, cittadina situata a pochi chilometri dal confine. Occupata la stazione, gli «aggressori» avrebbero poi lanciato, in lingua polacca, un messaggio di sfida al Terzo Reich.

Ricevuti i mezzi e le opportune istruzioni, Alfred Naujocks, organizzò un commando speciale composto di dodici uomini: quattro elementi fidati delle SS e otto delinquenti comuni cui era stata promessa la libertà. L'addestramento della «sporca dozzina» fu rapido e intenso, poi il commando, munito di armi e di uniformi dell'esercito polacco, si nascose nelle vicinanze di Gleiwitz in attesa di entrare in azione al momento opportuno. La parola d'ordine concordata era: «La nonna è morta».

Nel frattempo, l'ignaro comandante tedesco della piazza, colonnello Franz Steinmetz, era venuto a conoscenza del complotto ordito dalle SS, e aveva ingenuamente tentato di impedirlo arrestando Naujocks e i suoi uomini. Ma un perentorio *Führerbefehl*, un «ordine del Führer» al quale era impossibile trasgredire, gli aveva imposto di rimetterli tutti in libertà. Nei giorni che seguirono, la «sporca dozzina» continuò gli addestramenti nel suo nascondiglio in attesa dell'ordine di procedere.

La «nonna morì» esattamente alle ore 22 del 31 agosto 1939 e l'operazione scattò subito dopo. I finti soldati polacchi attaccarono con le armi in pugno la stazione radio e, per rendere più realistica la loro azione, non esitarono a uccidere due tecnici tedeschi che in buona fede avevano cercato di difendersi dagli aggressori. Conquistata la stazione, gli assalitori lessero ai microfoni il messaggio in lingua polacca precedentemente preparato e quindi si allontanarono fingendo di dirigersi verso il confine. Raggiunsero invece il loro rifugio dove ebbe luogo l'atto finale della tragica operazione: gli otto delinquenti comuni furono uccisi e lasciati sul terreno con le loro uniformi polacche per essere poi mostrati alla stampa come prova dell'avvenuta aggressione.

Poche ore dopo, Hitler, da Berlino, poteva annunciare alla radio: «Questa notte truppe regolari polacche hanno aperto il fuoco sul nostro territorio. Dalle ore 4.45 di oggi, venerdì 1° settembre 1939, le nostre forze armate sono passate al contrattacco».

La seconda guerra mondiale era dunque iniziata, anche se in quel momento nessuno pensava che l'azione militare tedesca avrebbe scatenato un conflitto planetario. Il suo «autore», Alfred Naujocks, ne ricavò congrui profitti: fece carriera nella Gestapo, la polizia segreta nazista, e venne ancora impiegato per organizzare altri «incidenti», come le «provocazioni» che saranno in seguito inscenate per giustificare l'aggressione del Belgio e dell'Olanda. A guerra finita, sfuggì anche al patibolo. Morì infatti nel suo letto, di cancro, ad Amburgo nel 1966.

Blitzkrieg in Polonia

Se le bombe che svegliarono la Polonia all'alba del 1° settembre da un lato misero in agitazione le cancellerie di Francia e di Inghilterra che, dopo poche ore, per l'automatismo delle alleanze, furono costrette a dichiarare guerra alla Germania, dall'altro non sorpresero e neppure intimorirono gli spavaldi polacchi. Infatti, anche se forse potrà sembrare strano, essi in un certo senso desideravano la guerra perché erano sicuri di vincerla.

Questo orgoglioso paese, che viveva ancora nel ricordo delle gesta compiute tre secoli prima dai suoi eserciti i quali avevano esteso il dominio polacco dal Baltico all'Ucraina, aveva riacquistato l'indipendenza soltanto nel 1918, dopo che la prima guerra mondiale aveva fatto crollare l'impero austro-ungarico di cui faceva parte. Nel 1919, approfittando della guerra civile scoppiata in Russia, i polacchi, sotto la guida del maresciallo Józef Piłsudski, si erano battuti contro l'Armata Rossa riuscendo più volte a sconfiggerla e persino a conquistare Kiev. Infine, grazie anche all'aiuto delle potenze occidentali coalizzate contro il nascente Stato bolscevico, Piłsudski aveva costretto i russi a scendere a trattative. La pace di Riga, conclusa nel 1921, che consentì alla Polonia di impadronirsi di alcune province ucraine, era stata per i bolscevichi più umiliante di quella di Brest-Litovsk imposta nel 1918 a Lenin dagli imperi centrali. Dopo di allora, la nuova Polonia si era mantenuta in una posizione di perigliosa equidistanza dai potenti vicini continuando a svolgere una velleitaria politica di grande potenza.

Considerati questi precedenti storici, era logico che la Polonia temesse sia l'Unione Sovietica, che non aveva mai rinunciato a rivendicare le province ucraine perdute, sia la Germania, che mirava a reimpadronirsi dei territori della Prussia orientale che le erano stati tolti dal Trattato di Versailles e, in particolare, della «città libera» di Danzica che gli assurdi confini tracciati dopo la fine della prima guerra mondiale avevano isolato dal resto della Germania. Danzica, città portuale tedesca, era stata infatti inserita nel territorio doganale polacco, ma regolata da uno statuto speciale simile a quello adottato per Berlino dopo la fine del secondo conflitto mondiale. Insomma, il classico pasticcio diplomatico foriero di frizioni e di crisi. I tedeschi ne reclamavano la restituzione, nonché la costruzione di un'arteria di traffico extraterritoriale attraverso un corridoio che congiungesse la Prussia orientale con il resto della Germania, mentre i polacchi ne rivendicavano il pieno possesso per ragioni storiche e commerciali.

Tuttavia quando la Francia e l'Inghilterra avevano cercato di arginare la politica aggressiva di Hitler creando un fronte antigermanico che comprendesse anche la Polonia e la Russia, il colonnello Józef Beck, ministro degli Esteri polacco e uomo forte del momento, si era fieramente opposto. Premunirsi contro Hitler, dopo che questi si era impadronito dell'Austria e della Cecoslovacchia, era assolutamente logico, perché una volta puntata la preda, il dittatore tedesco non si acquietava se non dopo averla divorata. Ma Beck, prevedendo che, in caso di guerra con la Germania, l'esercito russo avrebbe dovuto giocoforza attraversare la Polonia, aveva escluso drasticamente tale eventualità. Questo spavaldo colonnello polacco, che trattava da pari a pari con la Francia e l'Inghilterra, non aveva voluto ascoltare ragioni. La sua risposta era stata chiara: «Noi non permetteremo mai ai russi di penetrare nei territori che abbiamo conquistato nel 1921» aveva affermato senza tanti preamboli. Poi aveva chiesto al ministro degli Esteri francese Georges Bonnet che cercava di ammansirlo: «Mettetevi nei nostri panni: accettereste voi francesi di far presidiare l'Alsazia e la Lorena dai tedeschi?».

Era stata proprio l'ostinazione dei polacchi a mandare in fumo il progetto degli occidentali di includere anche l'URSS nel fronte antitedesco, e di ciò aveva approfittato Hitler per riavvicinarsi a Stalin. In quel momento, infatti, inglesi e francesi cercavano di attirare la Russia nel proprio sistema difensivo. La creazione di una grande alleanza che circondasse il Terzo Reich avrebbe ovviamente convinto il Führer a desistere dalla tremenda prospettiva di una seconda guerra mondiale. D'altra parte non credevano – come non lo credevano i polacchi – che Hitler e Stalin, due tradizionali nemici, potessero mettersi d'accordo. Si trattò quindi da parte di Hitler di una spregiudicata mossa geniale. Avendo egli già progettato l'invasione della Polonia, in caso di un intervento della Francia e dell'Inghilterra la Germania, alleandosi alla Russia, avrebbe infatti evitato di combattere una guerra su due fronti. Su questo punto, i generali erano stati espliciti con il Führer. Quando aveva chiesto loro quale esito prevedessero per un conflitto armato con le potenze occidentali gli avevano risposto che molto dipendeva dalla Russia. «Ma se restasse neutrale, vinceremmo» aveva insistito. «Certamente sì» aveva garantito il generale Wilhelm Keitel.

Nell'estate del 1939 a Mosca c'era stato un grande viavai di delegazioni diplomatiche occidentali e tedesche che si contendevano i favori di Stalin. Per il premier britannico Neville Chamberlain e per il capo del governo francese Édouard Daladier cercare l'alleanza dell'Unione Sovietica era stato certamente un passo ideologicamente ostico, ma per Hitler significava addirittura il ripudio di due dogmi: l'anticomunismo e la ricerca a Oriente del *Lebensraum*, lo spazio vitale germanico. Tuttavia, sia da una parte sia dall'altra si affannarono con impudente cinismo a chiedere e quasi a mendicare la collaborazione russa. Ma, con altrettanto cinismo, Stalin decise di allearsi con il più forte, o meglio, con quello che riteneva tale, ossia Hitler.

La sera del 23 agosto 1939, con grande sbalordimento e delusione dei circoli diplomatici occidentali, il ministro degli Esteri tedesco Ribbentrop e il commissario agli Esteri sovietico Molotov avevano firmato un patto di non aggressione che, oltre a concedere mano libera all'Unione Sovietica negli Stati baltici, in Finlandia e in Bessarabia, conteneva, fra le altre, una clausola segreta molto importante: il riconoscimento della «linea Narev-Vistola-San» come confine delle «reciproche sfere d'influenza» in Polonia. Non è naturalmente il caso di spiegare cosa potesse significare il termine «influenza» nel brutale linguaggio diplomatico di Hitler e di Stalin. Quella sera infatti al Cremlino si brindò per festeggiare l'imminente spartizione del bottino e Stalin assicurò a Ribbentrop che l'Unione Sovietica non avrebbe mai ordito inganni nei riguardi della Germania.

Ottenuto, per così dire, il via libera dall'Unione Sovietica, Hitler aveva scatenato una violenta campagna propagandistica per rivendicare la restituzione di Danzica. Ai suoi generali aveva però già anticipato le proprie intenzioni: «Io vi fornirò il pretesto per lo scatenamento del conflitto. È indifferente se sarà credibile o no. Al vincitore non si chiede mai se ha detto la verità. Nella condotta della guerra quello che conta non è mai il diritto, ma la vittoria. Chiudete quindi il cuore alla compassione. Ottanta milioni di tedeschi devono veder soddisfatti i loro diritti».

Mentre la «questione di Danzica» era al centro delle vivaci polemiche, un'ondata di sciovinismo aveva percorso anche la Polonia. I polacchi erano scesi in piazza per protestare contro il governo che si lasciava sfuggire l'occasione di dare una lezione ai tedeschi. Da parte loro, gli uomini politici facevano a gara in fatto di incoscienza. L'ambasciatore polacco a Parigi per esempio, nell'apprendere dal ministro degli Esteri francese Bonnet che Hitler aveva dichiarato di essere in grado di conquistare la Polonia in tre settimane con il suo esercito motorizzato, aveva risposto con un'alzata di spalle: «Saremo noi a invadere la Germania fin dall'inizio delle ostilità. In meno di una settimana la nostra gloriosa cavalleria sfilerà trionfante nell'Unter den Linden di Berlino!». Poi aveva aggiunto con una punta di tracotanza: «Se scoppierà la guerra, voi francesi limitatevi a tenere a bada gli italiani, dei tedeschi ci occuperemo noi...».

La città baltica era in quel momento il problema più scottante e, come si è detto, rientrava nei vari territori amputati alla Germania dopo la fine della prima guerra mondiale e rivendicati ora da Hitler con prepotenza. Ma, in questo caso, il Führer aveva ragione. Danzica, che i polacchi chiamano Gdańsk, era effettivamente tedesca. Tedesco era il 96 per cento della popolazione, tedesca era la lingua ufficiale e tedeschi volevano tornare a essere i suoi abitanti. Con l'avvento al potere del nazismo in Germania, si era creato nella città un clima di tensione incandescente che, alimentata dalla propaganda nazista, aveva infiammato gli animi della popolazione facendo presa soprattutto sui giovani che inscenavano quotidianamente manifestazioni filotedesche. Tra questi figurava anche il giovanissimo Günter Grass, futuro premio Nobel e celebre scrittore antinazista che, soltanto sessant'anni dopo, confesserà di essersi arruolato volontario nelle SS proprio perché spintovi dal clima di rovente revanscismo creatosi nella sua città contesa.

Confortato da queste manifestazioni popolari, Hitler aveva reclamato, come abbiamo già ricordato, la restituzione di Danzica alla Germania e la realizzazione di un corridoio che avrebbe dovuto collegare, attraverso il territorio polacco, la Prussia orientale alla madrepatria. La Polonia aveva però bocciato il progetto e ne era sortita una crisi diplomatica che sarebbe stata risolta con la forza proprio il 1° settembre 1939. Infatti, appena poche ore dopo l'inizio delle ostilità, il Gauleiter di Danzica, Albert Forster, proclamava l'annessione della città al Terzo Reich.

I polacchi dunque non temevano la guerra, ma al primo colpo di cannone le loro illusioni andarono ben presto in fumo. Già a mezzogiorno del 1° settembre, cinquantasette divisioni tedesche, precedute dalle formazioni dei carri armati e protette da squadriglie di bombardieri, erano penetrate simultaneamente nel territorio polacco con una tempesta di ferro e di fuoco. L'impeto di questa azione militare, condotta con una fulminea rapidità senza precedenti, aveva sbigottito il mondo intero. Si trattava della prima comparsa sulla scena della *Blitzkrieg*, la guerra lampo, che i generali di Hitler avevano preparato con scrupolosa metodicità rivoluzionando l'arte militare. I tedeschi dilagarono subito in Polonia e qualcuno ha osservato acutamente che nelle pianure polacche «la seconda guerra mondiale combatteva contro la prima», nel senso che si fronteggiavano due strategie e due armamenti tra i quali correva una distanza di decenni. A differenza delle guerre del passato, che si basavano sull'impiego esclusivo della fanteria, il blitz tedesco non prevedeva trincee fangose, reticolati, fortificazioni e assalti alla baionetta, ma semplicemente la rapida penetrazione nel territorio nemico delle unità corazzate seguite, in un secondo tempo, dalla fanteria cui era riservato il compito di procedere all'occupazione del territorio. Gli strateghi tedeschi nulla avevano affidato al caso: precisi erano gli obiettivi, le direttrici di marcia, le manovre a tenaglia e l'impiego razionale dell'aeronautica. Anche alla Kriegsmarine era stato affidato un compito determinato: mentre le truppe terrestri varcavano il confine polacco, la corazzata *Schleswig-Holstein*, giunta a Danzica il 25 agosto in «visita di cortesia», apriva il fuoco contro le fortificazioni portuali.

L'effetto più spettacolare della *Blitzkrieg* fu tuttavia fornito dalla Luftwaffe, l'aeronautica tedesca, di cui era comandante il maresciallo Hermann Göring, il grasso gerarca nazista che durante l'altra guerra aveva fatto parte del *Circo volante*, la squadriglia da caccia di Manfred von Richthofen, il famoso Barone rosso. La comparsa nei cieli polacchi degli Stuka, i moderni bombardieri in picchiata, stupì il mondo intero. Per la loro efficacia distruttiva essi, insieme ai panzer, i carri armati, rappresentarono la grande novità della *Blitzkrieg*. Questo aereo era uno Junker Ju-87, ribattezzato Stuka (abbreviazione di *Sturzkampfflugzeug*, aereo da combattimento in picchiata), ed era stato concepito come uno strumento di guerra da impiegare in diretto collegamento con le forze terrestri. Praticamente era «il prolungamento del cannone»: andava infatti a colpire con la massima precisione gli obiettivi che non potevano essere raggiunti dall'artiglieria. Di modesta velocità (340 km/h), poco maneggevole, ma dotato di due mitragliere fisse frontali MG17 da 7,9 mm e una brandeggiabile MG15 nella parte posteriore dell'abitacolo oltre a un carico di 500 chili di bombe, poteva gettarsi a tuffo sull'obiettivo centrandolo con una precisione che diventerà leggendaria. Era anche armato con due cannoncini da 37 mm che sparavano proiettili con l'anima di tungsteno, capaci di perforare le più robuste corazze (sul fronte russo, il maggiore Hans Ulrich Ruder distruggerà con il suo Stuka 519 carri sovietici). Ma lo Stuka disponeva anche di una efficace arma psicologica, ossia una sirena, detta «tromba di Gerico», che durante la picchiata produceva un sibilo lacerante capace di far perdere il sangue freddo ai puntatori della contraerea.

In pochi giorni la Polonia fu dunque in ginocchio. Il grosso delle sue forze era stato concentrato a nord, lungo il cosiddetto corridoio, dall'incalzare della III armata di Georg von Küchler e della IV di Günther von Kluge, ma il colpo decisivo lo sferrarono i panzer del generale Heinz Guderian, che diventò subito famoso come stratega della guerra con i mezzi corazzati. Guderian verrà anche ricordato per una sua celebre frase che ripeterà in altre occasioni: «I carri penetrano nel territorio nemico come un pugnale in un pane di burro». Per fermare la corsa inarrestabile dei panzer, i polacchi tentarono una disperata controffensiva lanciando all'assalto la brigata di cavalleria Pomorska. Sarà l'episodio più glorioso di quella guerra lampo, ma anche un inutile massacro.

Il 6 settembre la «battaglia del corridoio» era conclusa e le armate tedesche, raggiunta la Vistola, puntarono su Varsavia. Quella stessa notte, il governo polacco lasciò la capitale per trasferirsi a Lublino perché la caduta della città sembrava imminente. Tanto è vero che l'8 settembre la stampa internazionale ne annunciò la resa, affidando alla fantasia dei corrispondenti la cronaca dell'avvenimento. Invece Varsavia non era ancora caduta. I soldati polacchi, comandati da un generale di nome Rómmel, resistevano ancora, mentre gli Stuka si avventavano contro il centro abitato seminando morte e distruzione.

Il 17 settembre l'Armata Rossa varcò il confine come era previsto nei protocolli segreti del patto Hitler-Stalin, anche se Mosca mascherò il suo intervento con il pretesto di proteggere i propri fratelli ucraini e bielorussi viventi in territorio polacco. Praticamente senza incontrare ostacoli, le forze sovietiche dilagarono nelle province orientali puntando direttamente su Brest-Litovsk, la città fortificata che un tempo segnava l'antico confine fra l'impero asburgico e l'impero dello zar. Appunto per questo ricordo storico, la città era stata scelta come luogo del «fraterno» incontro fra l'Armata Rossa e la Wehrmacht. Ma Brest-Litovsk era anche un obiettivo politico per Stalin, perché il 3 marzo 1918 Lenin vi aveva firmato l'umiliante resa incondizionata alla Germania sanzionando l'uscita della Russia bolscevica dalla prima guerra mondiale. Arrivarci per primi sarebbe stato per l'Unione Sovietica un punto d'onore, e quindi l'Armata Rossa si mise in gara con la Wehrmacht, ma non ebbe successo. Guderian ci arrivò infatti il 17 settembre costringendo i russi, giunti il giorno dopo, ad accamparsi nelle vicinanze. Quello stesso giorno tuttavia, per espresso ordine del Führer, il generale tedesco «donò» gentilmente ai russi la storica città sgomberandola delle sue truppe dopo un cerimonioso scambio di consegne.

Preso tra due fuochi e caduta ogni speranza di aiuto dalla Francia e dall'Inghilterra, che nel frattempo erano entrate in guerra contro la Germania, rimanendo però del tutto inattive, il governo polacco abbandonò definitivamente il paese per rifugiarsi a Londra. Varsavia tuttavia resistette ancora, disperatamente, sotto impressionanti bombardamenti. Soltanto il 25 settembre il generale Rómmel, poiché un'ulteriore resistenza avrebbe significato un suicidio collettivo, firmò l'atto di resa. Quella sera, per l'occasione, la radio polacca diffuse le note malinconiche della *Caduta di Varsavia* di Chopin.

Dopo appena tre settimane di guerra la Polonia non esisteva più. Il 28 settembre, a Mosca, i ministri degli Esteri russo e tedesco, Molotov e Ribbentrop, si spartivano l'ex stato polacco firmando il cosiddetto Trattato tedesco-sovietico di amicizia che indicava i limiti dei rispettivi interessi nazionali nel territorio conquistato. Una clausola impegnava i due contraenti a «ristabilire la pace e l'ordine» assicurando alla popolazione «una vita pacifica conforme alle sue caratteristiche». Un protocollo segreto precisava invece che «le due parti soffocheranno nei propri territori ogni forma di agitazione e si informeranno a vicenda per quanto riguarda le misure da prendere a tale riguardo».

Le misure che furono prese dall'una e dall'altra parte sono purtroppo note. Nei lager nazisti vennero deportati 694 mila prigionieri e le SS si comportarono con una tale violenza, soprattutto contro gli ebrei, da sollevare persino l'indignazione dei comandanti della Wehrmacht. Il generale Walter Petzel protestò contro l'uccisione degli ebrei, il generale von Küchler dichiarò che la Wehrmacht non poteva «fare da furiere a una banda di assassini», mentre il generale Johannes Blaskowitz fece condannare a morte venticinque elementi delle SS rei di atrocità. Ma Hitler non prestò ascolto alle proteste: annullò le sentenze e inviò a Varsavia Heinrich Himmler affidandogli l'incarico di avviare di persona la «soluzione finale» del problema ebraico.

I russi non si rivelarono più teneri. Le province occupate furono sottoposte alle leggi sovietiche, 217 mila prigionieri di guerra vennero deportati nei gulag e non si conosce quale fu la loro sorte, ma si conosce quella toccata ai 14 mila ufficiali, tra i quali il fior fiore della futura classe dirigente polacca, barbaramente eliminati, per ordine di Stalin, nelle fosse di Katyn.

Tre guerre distinte

L'autunno del 1939 fu caratterizzato in Europa da tre guerre distinte fra loro anche dall'aggettivazione. La «guerra lampo» in Polonia, la *drôle de guerre*, la «guerra strana», sul fronte franco-tedesco e la «guerra bianca» tra le nevi della Finlandia. Tre guerre che poi confluiranno in una sola grazie a uno sconcertante ribaltamento delle alleanze sul quale non è mai stata fatta completa chiarezza. Su quanto accadde in quella breve stagione molti interrogativi sono infatti ancora in sospeso. Perché, per esempio, Francia e Inghilterra dichiararono guerra alla Germania per l'aggressione alla Polonia e non all'Unione Sovietica che, d'accordo con i tedeschi, aveva fatto altrettanto, fagocitandosi, per giunta, anche tutti i paesi baltici? E perché i franco-inglesi, mentre il grosso della Wehrmacht era impegnato in Polonia, non ne approfittarono per attaccare la Germania il cui fronte occidentale era sguarnito? «Se la Germania non è crollata già nel 1939» dichiarerà a Norimberga il generale Jodl «lo si deve unicamente al fatto che le centodieci divisioni inglesi e francesi sono rimaste del tutto inattive benché avessero davanti soltanto venticinque divisioni tedesche». E allora? Queste e altre domande riguardanti la prima tranche della seconda guerra mondiale, non hanno mai avuto una risposta esaustiva, forse per evitare di fare riemergere gli imbarazzanti scheletri ancora virtualmente occultati negli armadi dei vinti e dei vincitori

Oggi è ormai diventata rituale l'esaltazione della fermezza dimostrata dalla Francia e dall'Inghilterra che scesero prontamente in campo per difendere l'alleata Polonia aggredita dai tedeschi. Ma la realtà fu assai diversa e assai più meschina: i francesi e gli inglesi non avevano alcuna voglia di battersi. Nessuno, come allora si diceva, aveva voglia di «morire per Danzica». Londra e Parigi erano state costrette a dichiarare guerra alla Germania solo per salvare la faccia. D'altronde, dopo che Hitler si era impunemente impossessato dell'Austria e della Cecoslovacchia infischiandosene dei loro ammonimenti e delle vuote minacce della Società delle Nazioni, bisognava pure fare qualcosa per non perdere ogni credibilità di fronte all'opinione pubblica internazionale. Ma a fare per davvero la guerra nessuno ci pensava.

Già da diversi anni, dall'avvento di Hitler al potere, la politica aggressiva praticata dalla Germania aveva creato uno stato di crisi permanente con le due grandi democrazie occidentali. Molto spesso questa crisi aveva rischiato di trasformarsi in guerra aperta, ma il ricordo dell'orrenda carneficina che aveva dissanguato l'Europa vent'anni prima aveva frenato anche i più impavidi. Da spregiudicato giocatore d'azzardo, il dittatore tedesco ne aveva approfittato per realizzare il suo sogno di costituire il Terzo Reich, ossia un terzo impero germanico ancora più potente dei due precedenti. La lunga crisi sembrava tuttavia essere stata risolta con la Conferenza di Monaco del 29-30 settembre 1938, cui avevano partecipato i «quattro grandi» del momento, ossia Adolf Hitler, il premier britannico Neville Chamberlain, il presidente francese Édouard Daladier e Benito Mussolini.

Quest'ultimo vi aveva addirittura svolto la parte dell'arbitro guadagnandosi il merito, riconosciutogli dal mondo intero, di salvatore della pace. In realtà, d'accordo con il Führer, il Duce aveva semplicemente indotto i due timorosi leader democratici a sottoscrivere un'ambigua intesa che avrebbe consentito ai tedeschi di impadronirsi del territorio dei Sudeti, cioè di una parte della Cecoslovacchia la cui indipendenza fu appunto sacrificata in quell'occasione con la speranza di placare gli appetiti del dittatore nazista.

Questa vana speranza era stata però di breve durata. Meno di un anno dopo, il 1° settembre 1939, il proditorio attacco tedesco alla Polonia, alleata della Francia e dell'Inghilterra, aveva messo nuovamente i governi francese e inglese di fronte alle loro responsabilità e questa volta non si poteva ancora restare a guardare. Era necessario rispondere alla provocatoria sfida hitleriana. Ma come? Ne era seguita una sorta di commedia a due voci. A Parigi, il ministro degli Esteri Georges Bonnet si aggrappava disperatamente alla proposta avanzata da Mussolini per una seconda conferenza a quattro, a Londra si tergiversava perché sembrava che la Francia volesse sganciarsi dall'alleanza. Da parte sua, l'ambasciatore polacco, conte Raczyński, si era precipitato al Foreign Office urlando che Bonnet aveva affermato di non avere alcuna intenzione di far massacrare le donne e i bambini francesi per amore di Danzica. Intanto ai Comuni i deputati levavano alte e scandalizzate grida contro il timoroso Chamberlain la cui prima dichiarazione era stata: «Noi abbiamo protestato, ora attendiamo la risposta del signor Hitler».

In seguito, malgrado queste esitazioni, il governo britannico aveva infine preso per primo l'iniziativa. Il 3 settembre, alle 9 del mattino, aveva fatto pervenire a Berlino un ultimatum secondo cui, se entro due ore, ossia alle 11, il governo tedesco non avesse dato categorica assicurazione di essere disposto a ritirare le proprie truppe dalla Polonia, la Gran Bretagna avrebbe dichiarato guerra alla Germania. La

Francia aveva seguito a rimorchio, di malincuore, nel pomeriggio, ma con un ultimatum assai meno drastico in cui si evitava persino di usare la parola «guerra». Ecco il testo: «Il governo francese si vedrebbe costretto a dover adempiere agli impegni che la Francia ha assunto nei confronti della Polonia se la Germania non provvederà all'immediato ritiro delle sue truppe...». Il governo tedesco respinse gli ultimatum, cosicché le due potenze dovettero giocoforza dichiarare la guerra.

Da parte sua, Mussolini, che in base al Patto d'acciaio che lo legava a Hitler avrebbe dovuto immediatamente schierarsi al suo fianco, era invece riuscito, con abili stratagemmi, a svincolarsi dal gravoso impegno assumendo la parte ambigua del «nonbelligerante». Un neologismo di sua invenzione che gli consentiva di rimanere alleato della Germania ma estraneo al conflitto armato. Fresco del successo ottenuto a Monaco l'anno precedente, il Duce (ma anche Chamberlain e Daladier e forse lo stesso Hitler) era comunque convinto che quella guerra si sarebbe risolta rapidamente con un'altra conferenza di pace di cui sarebbe stato l'acclamato arbitro. Si sarebbe cullato in questa illusione per molti mesi ancora, pungolato da Londra e da Parigi, più che disponibili ad accettare una seconda Monaco che consentisse loro di salvare l'onore o quanto meno la faccia.

Il mito della Maginot

Nei primi giorni di settembre, l'esercito francese, considerato il più forte del mondo, nonché carico dei ricordi gloriosi raccolti durante la prima guerra mondiale, era comunque schierato lungo la Linea Maginot, una ciclopica fortificazione in acciaio e in cemento armato che si allungava dal confine svizzero al confine lussemburghese. Era stata realizzata nei primi anni Trenta, con grande dispendio di denaro e di mezzi, per blindare il confine franco-germanico qualora i tedeschi avessero voluto ritentare una marcia verso Parigi come avevano fatto nel 1870 e nel 1914.

Al contrario dei generali tedeschi, che avevano rivoluzionato completamente la loro strategia dopo le dure esperienze del conflitto di venti anni prima in cui avevano subito perdite enormi non giustificate dai risultati ottenuti, i generali francesi, che la guerra l'avevano vinta, erano invece rimasti ancorati ai vecchi schemi, convinti che dietro quella invalicabile trincea sarebbero stati al sicuro. La Linea Maginot rispondeva infatti a questi requisiti. Lunga quattrocento chilometri e realizzata in gran parte nel sottosuolo, era costituita da tre ordini di opere. Nella zona più avanzata erano distribuiti i posti di osservazione, gli ostacoli anticarro, reticolati, nidi di mitragliatrici, campi minati e postazioni di artiglieria leggera. Più indietro, altre robuste fortificazioni garantivano uno sbarramento continuo costellato di numerosi forti, sprofondati nel terreno per non alterare il paesaggio. Di essi emergevano soltanto le cupole d'acciaio, le torrette dei periscopi e quelle delle prese d'aria. Ma era nel sottosuolo, fra muraglie di cemento spesse tre o quattro metri, che si celava il principale impianto di difesa. Una linea ferroviaria sotterranea collegava i bastioni interrati in ordine sovrapposto, che disponevano di centrali elettriche, telefoniche e telegrafiche, di sistemi di compressori per evitare la penetrazione dei gas asfissianti, nonché di depositi per le munizioni e le riserve di viveri e di acqua. Il terzo ordine difensivo era formato dalle fortificazioni di mole maggiore armate di cannoni di grosso calibro. Insomma, la Maginot era una immensa città militare sotterranea di cemento e di acciaio che si allungava da Basilea a Sedan.

Per lo stato maggiore francese tutto era subordinato alla potenza di questo ciclopico frangiflutti capace di resistere a qualsiasi mareggiata. Protetti dalla Linea Maginot si potevano dormire sonni tranquilli. Anche per l'opinione pubblica francese la Linea Maginot era diventata un dogma di fede. Una porta d'accesso alla Francia che nessun esercito nemico sarebbe mai riuscito a varcare.

I generali tedeschi, come si è detto, avevano invece ripudiato la «guerra di logoramento», tanto cara agli strateghi del precedente conflitto mondiale, per concepire la *Blitzkrieg*: la guerra di movimento, che costava meno sangue avendo come principali protagonisti l'aereo e il carro armato. Tuttavia anche i tedeschi disponevano di una fortificazione lungo le rive del Reno chiamata Linea Sigfrido. Tale linea, costruita su seicento chilometri, dal confine svizzero a quello belga, si basava però su un concetto diverso da quello della Maginot. Era molto più «leggera» e non prevedeva una difesa statica bensì una difesa «manovrata». Le sue opere, scaglionate in profondità di trenta o quaranta metri, dovevano infatti assolvere il compito di appoggiare o integrare l'azione delle forze mobili per assicurare una difesa più che altro temporanea.

All'inizio delle ostilità, al riparo della Linea Maginot erano schierate settanta divisioni francesi cui si aggiungeranno rapidamente i primi 150 mila uomini del British Expeditionary Force (BEF), il Corpo di spedizione britannico. Lungo la Linea Sigfrido erano dislocate venticinque divisioni tedesche di cui soltanto quattordici attive e tutte comunque incomplete e prive di carri armati.

Considerato il rapporto di forze, se i francesi avessero attaccato con un'offensiva generale al terzo giorno di guerra – come peraltro era stato convenuto il 19 maggio 1939 alla firma dell'intesa franco-polacca – la Linea Sigfrido sarebbe stata facilmente superata. Invece non accadde nulla. Il 6 settembre, il settantenne generale Maurice Gamelin, comandante supremo dell'esercito francese, si limitò a far avanzare oltre il confine, nella regione della Saar, poche truppe che, evitando di impegnarsi in combattimento, occuparono alcuni villaggi. Ma il 12 settembre, nell'apprendere che alcune divisioni tedesche, richiamate dalla Polonia, stavano sopraggiungendo, decise di abbandonare la sottile fascia di terreno conquistata e di riportare le sue truppe dietro la protezione dei forti della Maginot. I tedeschi recuperarono il terreno perduto senza colpo ferire. Anzi, con un comunicato ufficiale, l'alto comando della Wehrmacht sottolineò cavallerescamente che non un solo soldato tedesco aveva finora messo piede in territorio francese.

Nessuno, d'altronde, sul fronte occidentale aveva voglia di continuare a combattere ora che la Polonia non esisteva più. Hitler, soddisfatto del successo ottenuto, con un discorso al Reichstag aveva addirittura avanzato delle proposte di pace che la Francia e l'Inghilterra avevano respinto, ma l'arresto totale dei combattimenti faceva pensare che fossero in corso delle trattative segrete, come effettivamente accadde. Il Führer, dal canto suo, era appagato dai risultati ottenuti con la politica che uno spiritoso giornalista italiano aveva definito «del carciofo» (una foglia alla volta: prima l'Austria, poi la Cecoslovacchia, poi la Polonia...) e sarebbe stato certamente favorevole a raggiungere un compromesso che rispettasse lo statu quo. Chamberlain e Daladier, il cui pacifismo nel passato aveva sfiorato la vigliaccheria, invece speravano ancora in una seconda Monaco, magari gestita da Mussolini, che consentisse al Führer di tenersi la Polonia, fornendo però un alibi onorevole agli occidentali. In quei giorni, insomma, l'attenzione della stampa internazionale non era concentrata sulla Linea Maginot, bensì sugli intrighi diplomatici cui si dedicavano le cancellerie. Intanto la guerra sul fronte occidentale stava diventando sempre più strana.

La drôle de guerre

I francesi la chiameranno *drôle de guerre* (guerra strana), gli inglesi *Twilight War* (guerra vaga), gli americani *Phoney War* (guerra finta), i tedeschi *Sitzkrieg* (guerra seduta) e gli italiani *guerra dei coriandoli*, perché non piovevano bombe ma soltanto innocui volantini.

Qualunque sia l'aggettivo prescelto, quella prima tranche della seconda guerra mondiale combattuta, si fa per dire, sul fronte franco-tedesco nell'autunno del 1939 non fu una vera guerra, bensì una pausa armata tacitamente concordata da ambo le parti nella speranza che Mussolini, mai così atteso come in quei giorni, venisse a cavare il ragno dal buco. Solo sul mare si continuava a combattere: gli U-Boot, i sommergibili tedeschi, e le «corazzate tascabili» inventate da Hitler compirono infatti clamorose scorrerie, ma fra la Linea Maginot e la Linea Sigfrido regnava la calma assoluta.

Francia e Inghilterra, costrette di malavoglia a dichiarare guerra alla Germania, avevano d'altronde buone giustificazioni per esitare a prendere l'iniziativa. In Gran Bretagna solo da pochi mesi era stata imposta a fatica la coscrizione obbligatoria, ma l'opposizione laburista aveva ottenuto che fossero esonerati dalla chiamata alle armi i coniugati, gli orfani e tutti coloro che esercitavano lavori «di pubblica utilità», un vastissimo settore che comprendeva persino gli addetti a togliere i bruchi dalle siepi dei giardini pubblici. I sindacati, che avevano a capo un vecchio testardo, sir Walter Citrine, si battevano affinché lo stato di guerra non venisse preso a pretesto per prolungare la durata del lavoro. Non volevano neppure sentir parlare di «straordinario», difendevano a spada tratta la conquista delle 7 ore e del sabato festivo e protestavano contro l'inserimento delle donne nelle linee di produzione. Anche l'opinione pubblica britannica era contraria alla guerra e il premier Neville Chamberlain, il sostenitore dell'*appeasement* (politica adottata negli anni Trenta che prevedeva una pacificazione con Hitler anche al prezzo di gravi concessioni), non aveva ancora rinunciato del tutto a questa linea. Come i sindacati, anche l'opposizione laburista reclamava il disimpegno. Per non dire poi che negli ambienti sociali più elevati Hitler non era affatto considerato il diavolo: il vero diavolo era Stalin e l'Unione Sovietica il nemico numero uno. In questi ambienti si manifestavano apertamente simpatie filonaziste così come nella stampa. Il «Daily Mail», fra gli altri, non aveva esitato a scrivere poco tempo prima che «la vigorosa gioventù nazista è il nostro baluardo contro il bolscevismo». Da parte sua, la gioventù studiosa britannica non era affatto animata da spirito guerriero. Un sondaggio nelle università rivelò in quei giorni che il 70 per cento degli intervistati era contrario alla guerra.

Nel campo militare, i generali britannici avevano anch'essi ripudiato, come i tedeschi, la guerra di logoramento, ma si erano preparati alla guerra di movimento con metodi sorpassati. Nel regolamento erano ancora previsti, per esempio, l'impiego della cavalleria e la tattica della carica. Anche se alcuni innovatori, benché osteggiati dai massimi esponenti militari, erano riusciti a costituire una brigata corazzata, all'inizio del conflitto l'esercito britannico disponeva di pochi carri senza idee chiare sul loro impiego.

In Francia la situazione era ancora più critica. Un governo debolissimo era contestato dalla forte opposizione, mentre i comunisti – che dopo il patto Hitler-Stalin del 23 agosto 1939 erano stati messi fuori legge – incoraggiavano i militari a disertare quella guerra «fra capitalisti» portando come esempio l'Unione Sovietica che aveva concluso una pace fraterna con il Terzo Reich. Entrò pure in funzione in quei giorni una emittente clandestina, chiamata Camarade du Nord (non si è mai saputo se organizzata dai comunisti o dai servizi segreti tedeschi), che faceva propaganda disfattista e invitava i soldati francesi a fraternizzare con i *camarades allemands*. Poiché tutti gli operai, senza distinzione, erano stati chiamati alle armi, le fabbriche belliche mancavano ora di mano d'opera qualificata. Ma quando il governo decise di smobilitare gli operai specializzati, i deputati dei dipartimenti agricoli insorsero chiedendo l'esonero anche per i contadini perché era la stagione delle semine. Si registrarono episodi ridicoli. Nella polveriera di Angoulême quattromila operai, esonerati dal servizio militare, rifiutarono di maneggiare la melinite perché faceva cadere i... capelli.

L'esercito francese era potente solo secondo i criteri del 1918 ed era guidato da vecchi generali sclerotici ancora accecati dalle vittorie di vent'anni prima. Il comandante supremo, Gamelin, disprezzava l'«inutile» aeronautica e non voleva neppure sentir parlare di un nuovo modo di impiegare i carri armati proposto dall'allora colonnello Charles De Gaulle. «I carri» sosteneva «sono i servi del fante, devono marciare al passo del fante ed essere distribuiti singolarmente fra i vari reparti di fanteria.» L'idea di costituire delle divisioni corazzate da spingere a cuneo in territorio nemico, come suggeriva saggiamente De Gaulle, era per Gamelin pura follia.

Così, mentre a Londra e a Parigi, dopo i primi giorni di paura provocati dai falsi allarmi aerei, la vita aveva ripreso il suo corso normale, i locali pubblici erano stati riaperti e i campionati di calcio neppure interrotti, 2 milioni di soldati francesi, 150 mila inglesi e 300 mila tedeschi, si godevano gli ozi di Capua nella terra di nessuno fra la Sigfrido e la Maginot. Era davvero una strana guerra. Sulla riva sinistra del Reno, a cinquecento metri dai cannoni francesi, le vedette controllavano il passaggio dei treni tedeschi, contavano i vagoni, trasmettevano le informazioni, ma niente di più. Sull'altra riva, i soldati tedeschi lavoravano allo scoperto, tranquilli e disarmati... La noia mortale era raramente interrotta dall'apparire di qualche ricognitore Fieseler-Storch che volteggiava sopra le linee francesi. Ma era inutile correre nei rifugi: piovevano soltanto volantini di propaganda. Il testo di questi manifestini era a volte pacifista («Soldati francesi, non sparate! Se non lo farete, neanche noi lo faremo!»), a volte ironico («Francesi! Gli inglesi si batteranno fino all'ultimo... francese!).

Gli inglesi reagirono alla grande a questa offensiva «dei coriandoli» facendo piovere sulla Germania dagli aerei della RAF sei milioni di copie (circa tredici tonnellate di carta) di una *Nota al popolo tedesco* che secondo gli esperti della guerra psicologica avrebbe dovuto aprire gli occhi ai cittadini del Terzo Reich. Il risultato fu ovviamente negativo. «Secondo la mia opinione» dichiarò malinconicamente il comandante della RAF, generale Harris, «siamo soltanto riusciti a soddisfare il bisogno di carta igienica della Germania per l'intera durata della guerra.»

Il Corpo di spedizione britannico, che a ranghi completi

arriverà a undici divisioni per un totale di 385 mila uomini, occupava il settore a est di Lilla e aveva il suo quartier generale ad Arras. Il comando unico, che durante la prima guerra mondiale aveva dato luogo a molte discussioni, era stato risolto senza alcuna difficoltà perché il comandante del BEF, Lord John Gort, aveva accettato spontaneamente di mettersi agli ordini del suo vecchio amico generale Gamelin. Inguaribile ottimista, il visconte Gort continuava a mandare a Londra rapporti rosei anche se i due suoi luogotenenti, John Dill e Alan Brooke, non erano del suo stesso parere. Nel suo diario, Brooke, che assumerà in seguito il comando in capo delle operazioni dell'esercito britannico, annotava puntualmente tutte le deficienze che rilevava nell'esercito alleato. Scriveva, per esempio, dopo una visita al collega francese André Corap, comandante della IX armata: «Sono colpito dalle truppe che vengono fatte sfilare davanti a me. Gli uomini hanno la barba lunga, i cavalli sono maltenuti, le uniformi e i finimenti malmessi, i veicoli sporchi e lo spirito militare totalmente assente. Al comando: "Attenti a sinistra!" è già molto se qualche soldato, qua e là, si dia la pena di obbedire...». In compenso, la raffinata cucina francese lo stupisce: «31 ottobre: pranzo con champagne. Restiamo a tavola fino alle 3. Ostriche, aragoste, polli novelli, pasticcio di fegato d'oca, fagiani, formaggi, frutta, liquori, eccetera. Tutte queste leccornie mi scombussolano lo stomaco e mi disturbano nel mio lavoro».

Continuando la lunga «vacanza» da ambo le parti, per distrarre le truppe annoiate, furono organizzati spettacoli di ogni genere. Marika Rock, diva tedesca del cinema, intrattenne i soldati connazionali con le sue belle canzoni, mentre dalla parte francese furono mobilitate le più celebri vedette del momento, da Maurice Chevalier a Joséphine Baker. La celebre canzone *Parlez-moi d'amour*, cavallo di battaglia di Chevalier, fu imparata anche dai soldati tedeschi e si diffuse rapidamente in Germania. Il giornalista americano William L. Shirer racconterà che l'intero fronte dalla Svizzera al Lussemburgo «era tranquillo come un cimitero». Una volta vide i soldati tedeschi applaudire i soldati francesi impegnati in una partita di calcio. Che cosa si stava aspettando?

L'Italia nonbelligerante

Alla vigilia dell'inizio delle ostilità, gli italiani erano stati sottoposti a una serie di docce fredde che rispecchiavano l'alternarsi dei sentimenti nell'animo del Duce. Pur continuando a manifestare la sua assoluta fedeltà al Patto d'acciaio firmato il 22 maggio 1939, che prevedeva, fra l'altro, l'immediato intervento militare italiano qualora la Germania fosse entrata in guerra, ora, di fronte al fatto che la guerra era effettivamente cominciata, Mussolini era piombato nell'incertezza. Di sicuro non amava Hitler, ma lo affascinavano la sua sicurezza e la potenza delle sue forze armate che egli era riuscito a trasformare nel giro di pochi anni in una macchina da guerra apparentemente invincibile.

I rapporti personali fra i due dittatori erano d'altronde alquanto complessi. Prima di conquistare il potere, Hitler aveva manifestato per Mussolini una sorta di venerazione. Praticamente, aveva preso a modello diversi aspetti del suo regime: aveva imposto ai nazisti una sorta di «saluto romano» (il braccio destro teso, ma orizzontale) e la camicia bruna a somiglianza di quella nera indossata dai fascisti. Aveva anche imitato e, notevolmente incanaglito, alcune istituzioni del fascismo. La *Hitlerjugend*, la gioventù hitleriana, era l'equivalente della Gioventù italiana del Littorio, l'organizzazione paramilitare voluta dal Duce, mentre le SS erano l'equivalente della Milizia, ossia due formazioni militari fortemente politicizzate e ben distinte, le prime dalla Wehrmacht, la seconda dal Regio esercito.

Dopo la conquista del potere da parte di Hitler, i rapporti fra i due dittatori, sia pure con brusche interruzioni (come quando, nel 1934, inviando le sue divisioni al Brennero, Mussolini aveva impedito a Hitler di annettersi l'Austria), si erano fatti sempre più stretti anche perché sospinti in questo senso dalla miope politica anglo-francese nei confronti dell'Italia. Tuttavia, anche successivamente alla firma del Patto d'acciaio, Mussolini fu spesso tentato di sganciarsene e avrebbe avuto anche dei buoni pretesti, ma ormai era soggiogato dal più potente alleato. Ingoiò, per esempio, il «rospo» del patto Hitler-Stalin firmato a sua insaputa e neppure ebbe alcun effetto la sua blanda resistenza quando il Führer, ancora a sua insaputa, decise di attaccare la Polonia con la scusa della contesa sorta a causa del «corridoio di Danzica». Racconta infatti nel suo famoso diario il ministro degli Esteri Galeazzo Ciano, che pochi giorni prima dell'inizio delle ostilità si era incontrato a Salisburgo con il suo collega tedesco Joachim von Ribbentrop: «Gli chiesi: "Che cosa volete: Danzica o il corridoio?". Risposta: "Niente di tutto questo. Noi vogliamo la guerra!"». Dopo avere espresso allo stesso Führer la sorpresa dell'Italia per «la gravità della situazione assolutamente inaspettata», Ciano annotò ancora nel suo diario questo angosciato commento: «Torno disgustato della Germania, dei suoi capi e del loro modo d'agire. Ci hanno ingannato e mentito. E oggi stanno per tirarci in un'avventura che non abbiamo voluto e che può compromettere il regime e il Paese».

Mussolini visse tutti quei giorni in preda all'incertezza: il suo spirito bellicoso lo spingeva ad affrontare l'avventura al fianco del potente alleato, la ragione gli suggeriva una dichiarazione di neutralità, mentre il senso dell'onore gli imponeva il rispetto dei patti. Sceglierà una quarta via.

Mussolini era consapevole che l'Italia non era pronta ad affrontare il conflitto. Il suo esercito si era dissanguato prima in Etiopia, poi in Spagna e, secondo le previsioni degli esperti, che lui stesso aveva riferito a Hitler, non poteva essere reso efficiente prima del 1942. Fu così che, all'inizio della guerra, accampando la scusa dell'impreparazione militare, oltre a riproporre a Hitler la sua idea fissa di una conferenza internazionale per regolare le controversie europee, gli aveva mandato a dire attraverso l'ambasciatore Bernardo Attolico che il nostro intervento avrebbe avuto luogo, senza indugio, solo se la Germania avesse inviato le forniture necessarie per resistere all'attacco che Francia e Gran Bretagna avrebbero diretto principalmente contro di noi.

Hitler, dopo avere ascoltato con il volto di pietra la comunicazione di Attolico (appena uscito il quale ebbe uno scoppio di imprecazioni: «I soliti italiani! Indegni di fiducia, vigliacchi, eterni traditori!») aveva fatto buon viso a cattivo gioco invitando Mussolini a inviargli l'elenco delle forniture di cui abbisognava. Racconta Galeazzo Ciano che il Duce convocò gli esperti militari ordinando loro di compilare una lista «tale da ammazzare un toro, se avesse potuto leggerla». Poi, non del tutto soddisfatto, lo stesso Mussolini raddoppiò di suo pugno alcune cifre e aggiunse di suo anche la richiesta di seicento pezzi di artiglieria contraerea. In complesso si chiedeva all'alleato, in cambio dell'entrata in guerra, «l'immediata» consegna di 170 milioni di tonnellate di materiale, per il trasporto del quale sarebbero occorsi 17 mila treni con un traffico ferroviario di 50 treni al giorno per un anno. Pare che il termine «immediata» sia stato usato per eccesso di zelo da uno degli esperti, tuttavia Mussolini non lo corresse.

L'enormità del quantitativo richiesto non ammazzò Hitler, ma certamente ridusse la sua già scarsa fiducia nella volontà dell'alleato italiano di marciare al suo fianco. Si limitò comunque a dirsi dispiaciuto di non poterlo soddisfare e pregò il Duce «di non far conoscere la decisione di neutralità e di tenere impegnate le forze anglo-francesi mediante una efficace propaganda e opportune azioni militari dimostrative».

La parola «neutralità» non rientrava nel lessico bellicoso di Mussolini. «Non posso diventare un neutralista e neppure un araldo della pace dopo diciotto anni di propaganda guerriera!» si era giustificato con Ciano, il quale continuava a sfruttare ogni pretesto per indurre il suocero a rompere l'alleanza con la Germania. Ma l'orgoglioso Duce da quell'orecchio non ci sentiva. Il suo senso dell'onore lo spingeva a mantenere l'impegno assunto anche se il buon senso lo frenava. Cosicché, il neologismo «nonbelligeranza», da lui escogitato per definire la posizione dell'Italia in quel frangente, gli calzava a pennello. Non potendo fare la guerra, si limitò a minacciarla emanando tutte quelle disposizioni che, in caso di soluzione pacifica del conflitto, gli avrebbero consentito di dire che comunque l'avrebbe fatta.

La prima prova di oscuramento antiaereo scattò in Italia alle 21.30 del 30 agosto 1939 e fu ripetuta anche il giorno seguente. I giornali, per ingentilire il buio pesto in cui era piombato il paese, usarono il garbato eufemismo di «notte azzurra» perché di carta azzurra erano stati ricoperti i vetri delle finestre e tutte le altre fonti luminose. Furono anche eseguiti esperimenti di allarme aereo: tre urli di sirena per il preallarme, cinque prolungati per l'allarme e cinque brevi per il cessato allarme. Mancando i rifugi aerei, i condomini furono invitati a rinforzare le cantine dei palazzi, l'unico riparo possibile. Ma fu questione di pochi giorni, poi la vita degli italiani ritornò nella normalità. La guerra era iniziata, ma l'Italia nonbelligerante ne era rimasta fuori. E tutti tirarono un respiro di sollievo.

Anche se le scene di guerra proiettate dai cinegiornali galvanizzavano gli spettatori, emozionati dalle ululanti picchiate degli Stuka e dall'irrompere dei carri armati, gli italiani continuavano a non simpatizzare per i tedeschi e a mantenersi ostili alla guerra. Arturo Bocchini, il capo della polizia, incoraggiato da Ciano a mandare al Duce rapporti veritieri sulla situazione, era così pessimista da arrivare a temere che, in caso di manifestazioni pacifiste, poliziotti e carabinieri avrebbero fatto causa comune con i dimostranti.

Per celare con Hitler le sue vere intenzioni, Mussolini aveva comunque continuato ad alimentare un'atmosfera prebellica. Molte classi erano state richiamate alle armi ed erano state distribuite, a pagamento, le maschere antigas. I gas avevano compiuto stragi nell'altra guerra e il loro impiego era più temuto dei bombardamenti aerei, anche se, per fortuna, nessuno dei paesi belligeranti ne avrebbe fatto uso. Intanto, si era intensificata la commercializzazione dei prodotti autarchici (l'Autarchia, l'autosufficienza, era un programma lanciato da Mussolini ai tempi delle sanzioni economiche contro l'Italia). Ispirati dagli uffici di propaganda, erano sorti i primi «orticelli di guerra», un patetico escamotage che avrebbe dovuto intensificare la produzione agricola. Le aiuole dei giardini pubblici e tutte le aree disponibili furono trasformate in altrettanti orti coltivati a grano e a verdura. I generi alimentari di largo consumo furono razionati e ogni cittadino ricevette una carta annonaria che gli consentiva di acquistare i prodotti indispensabili. La gente, per sopperire alla mancanza di carne, allevava conigli e galline sui balconi di casa, mentre si intensificava la propaganda dei surrogati dei prodotti d'importazione, scomparsi da tempo dai mercati, come il «caffè» d'orzo, lo zucchero ricavato dalle barbabietole e così via. Per offrire «ferro alla patria» si smantellarono cancelli e inferriate, mentre gli italiani furono indotti a svuotare anche i propri materassi per offrire alla patria perfino la lana in quanto, si assicurava, i materassi di crine erano più salutari. Anche per la lana si escogitarono succedanei autarchici: la si ricavava, per esempio, dal latte o dalle pellicce dei conigli. (E male gliene incolse a una fabbrica tessile di Perugia la quale ebbe la peregrina idea di lanciare il suo prodotto con questo slogan: «La lana di coniglio è la lana degli italiani». Il collegamento italiano-coniglio mandò Mussolini su tutte le furie.) Razionati i carburanti, le biciclette e le carrozzelle avevano preso il posto delle auto. I gerarchi del regime si facevano orgogliosamente fotografare mentre andavano al lavoro in bicicletta o addirittura a cavallo. Aumentarono di numero anche i mezzi di trasporto alimentati a carbonella, oppure portando sul tetto ingombranti bombole di metano.

In quei giorni si verificarono gravi incidenti in Alto Adige che, se Mussolini lo avesse voluto, avrebbero potuto giustificare una rottura dei rapporti con la Germania. La provincia di Bolzano era diventata parte dell'Italia alla fine della prima guerra mondiale ed era annoverata fra i territori dello «spazio vitale» rivendicati dalla Germania. Gli altoatesini, sobillati dalla propaganda nazista, reclamavano l'onore di tornare a far parte del Terzo Reich. Altrove, come sappiamo, i tedeschi si erano già appropriati con la forza dei territori inclusi nel *Lebensraum*, ma con l'Italia avevano dovuto ovviamente scendere a patti. Il 21 ottobre 1939 Roma e Berlino stipularono un accordo in cui si invitavano le minoranze di lingua tedesca e ladina a optare fra Italia e Germania: chi preferiva la cittadinanza tedesca era libero di andarsene con le sue cose, chi restava avrebbe continuato a godere di tutti i diritti dei cittadini italiani. Se ne andarono in molti per colonizzare le terre redente, ma torneranno sconfitti e delusi al termine del conflitto. Questo accordo era stato commentato favorevolmente dalla nostra stampa come prova che con la franca amicizia fra l'Italia fascista e la Germania nazista era possibile risolvere qualsiasi problema. In realtà, il rozzo comportamento dei tedeschi e certe manifestazioni filonaziste registrate nell'Alto Adige avevano irritato il Duce. Tanto più dopo la scoperta che Berlino sovvenzionava segretamente il movimento revanscista sudtirolese. Scriveva Ciano nel suo diario: «Mussolini dice di non vederci chiaro: afferma che sulla questione altoatesina si potrebbe arrivare al conflitto con il Reich». Per poi concludere: «Il fosso che ci separa dalla Germania diventa sempre più profondo anche nel suo animo».

Mussolini irrobustì infatti nella regione le forze di polizia e gli effettivi della guardia di frontiera, ordinando nel contempo di accelerare i lavori della già avanzata costruzione del Vallo Alpino, detto anche Linea Littorio, ossia l'impianto difensivo del Brennero che, malgrado la «franca amicizia», non erano mai stati interrotti. Ma a irritare Mussolini erano soprattutto pesanti commenti dei tedeschi nei confronti dell'Italia, che gli venivano riferiti quasi giornalmente. In Germania, d'altronde, la nonbelligeranza italiana era stata interpretata come l'avvisaglia di una ripetizione del «tradimento del 1914», ossia di quando l'Italia si era sganciata dalla Triplice Alleanza per unirsi all'Intesa franco-britannica. Le parole «tradimento» e «spergiuro» ricorrevano effettivamente sia nelle conversazioni dei gerarchi nazisti sia fra la gente comune. Molti rievocavano la famosa battuta pronunciata dal generale tedesco von Bülow quando la Triplice era andata in crisi: «L'Italia deve decidersi se vuole essere moglie o puttana». Mentre a Vienna circolava la canzonetta: «Quello che abbiamo ce lo teniamo stretto e domani ci riprenderemo Trento e Trieste...». Ma ciò che fece più indignare Mussolini fu il resoconto di una cerimonia ufficiale, cui era presente un console italiano, durante la quale il sindaco di Praga, avendo alzato un po' il gomito, svelò, per così dire, gli obiettivi del Terzo Reich inserendo nello «spazio vitale» germanico non solo l'Alto Adige, ma anche la Venezia Giulia e la Pianura padana.

A consolare Mussolini erano invece i frutti della nonbelligeranza. La borsa andava alle stelle, gli stabilimenti erano sommersi dalle commesse militari che giungevano dalla Francia e dall'Inghilterra, i nostri lussuosi transatlantici avevano ripreso a navigare a prezzi raddoppiati ed erano pieni come uova. Per il momento, comunque, la grande paura era passata. Gli italiani erano ritornati tutti ottimisti e Mussolini, convinto che la nonbelligeranza sarebbe durata a lungo o forse per sempre, aveva ridimensionato le misure di guerra.

II

LA GUERRA SUL MARE

Inizia la battaglia dell'Atlantico

Fin dall'inizio del secondo conflitto mondiale abbiamo assistito, come si è visto, allo scontro fra due opposte concezioni strategiche, ambedue originate dall'esperienza della guerra del 1914-18. I generali francesi e inglesi, resi sicuri dalla grande vittoria ottenuta, si erano limitati, nelle rispettive scuole di guerra, a perfezionare le armi convenzionali e a istruire i giovani ufficiali secondo i consueti metodi tradizionali. Negli ambienti militari tedeschi si era invece registrata una vera e propria rivoluzione. Prima ancora dell'avvento di Hitler, che intensificherà questo processo innovativo, i generali, scottati dalla grave sconfitta subita, avevano già ripudiato i vecchi schemi per studiare nuove tattiche e nuove strategie. Sfidando le dure condizioni imposte dal Trattato di Versailles (un esercito di 100 mila uomini, poche navi da battaglia non superiori alle 10 mila tonnellate, armamenti limitatissimi, ecc.), avevano proceduto alla ricostituzione delle forze armate privilegiando non il numero bensì la qualità. I semplici soldati erano tutti degli specialisti pronti a trasformarsi in istruttori al momento opportuno. I mezzi e le armi erano stati perfezionati secondo le esigenze di una guerra futura e le scuole militari sfornavano giovani ufficiali superspecializzati. Dal canto suo, l'industria convenzionale aveva collaborato clandestinamente al riarmo producendo oggetti in apparenza «pacifici», per ingannare le commissioni alleate di controllo, i quali potevano però essere rapidamente convertiti in prodotti bellici. La Volkswagen, per esempio, produceva una camionetta anfibia che era un po' difficile spacciare per una vettura turistica, mentre una fabbrica di rossetti per signora produceva astucci facilmente convertibili in bossoli per proiettili da 7,65.

L'avvento di Hitler e la sua decisione di procedere al riarmo della Germania trovarono dunque il terreno pronto per procedere rapidamente alla conversione dell'industria e alla formazione di un potente esercito. La *Blitzkrieg*, che aveva fulminato la Polonia in tre settimane grazie alla rapidità di movimento delle forze corazzate e dei bombardieri in picchiata, era stata la plateale dimostrazione della potenza del nuovo esercito tedesco.

Restava la Kriegsmarine, la marina da guerra, la sola a non essere preparata a sufficienza ad affrontare il conflitto. La flotta da battaglia tedesca era assai inferiore anche a quella italiana, che disponeva invece di ottime corazzate, e non era assolutamente in grado di affrontare la potente Royal Navy britannica. Negli ambienti navali germanici serpeggiava un senso di frustrazione soprattutto per il fatto che il Führer non nascondeva il proprio disinteresse per tutto ciò che non riguardava le forze terrestri e quelle aeree. Questa sua trascuratezza per la Kriegsmarine avrebbe, fra le altre, anche due motivazioni di ordine psicologico. Hitler era profondamente terragno. Odiava il mare al punto da non avere mai utilizzato il suo yacht personale (pare perché appena vi metteva piede svenisse dal mal di mare). Certo non era insensibile ai problemi che affliggevano la Kriegsmarine, ma non li avvertiva come quelli terrestri. Così, anche se esprimeva intuizioni che in seguito si riveleranno esatte (come, per esempio, sostenere l'inutilità delle grandi navi da battaglia che paragonava a dei guerrieri medievali costretti a combattere una guerra moderna), il suo disinteresse lo dimostrava anche nella preparazione dei piani strategici che vedevano sempre l'esercito nella parte del protagonista.

La seconda motivazione andrebbe invece ricercata nel suo pensiero militare. Il dominio del mare non rientrava nei suoi progetti. Anzi, è accertato che, all'inizio del conflitto, Hitler mirasse a un accordo con la Gran Bretagna che gli consentisse di impadronirsi dell'Europa, lasciando agli inglesi il dominio del mare. D'altra parte, sarà proprio la sua idiosincrasia per le operazioni navali che lo indurrà a rinviare sine die l'esecuzione dell'operazione Sealion, Leone marino, ossia lo sbarco in Inghilterra.

All'inizio della guerra dunque la Germania possedeva una flotta modesta: due incrociatori pesanti (*Scharnhorst* e *Gneisenau*), sei leggeri, due corazzate, venti torpediniere, ventidue cacciatorpediniere e cinquantanove U-Boot, i sommergibili, cui si erano aggiunte tre modernissime «corazzate tascabili» (*Admiral Graf Spee*, *Admiral Scheer* e *Deutschland*).

Queste tre unità erano il frutto di un eccezionale progetto studiato appositamente per eludere il divieto di costruire navi di stazza superiore alle 10 mila tonnellate. Gli ingegneri tedeschi avevano infatti compiuto miracoli della tecnica per realizzare, nel rispetto della stazza stabilita, delle unità di eccezionale potenza. Impiegando leghe leggere e, soprattutto, sostituendo l'antica chiodatura con la saldatura elettrica, era stato possibile costruire tre navi lunghe 188 metri, con una corazza di 12 cm, veloci come un incrociatore (26 nodi), ma potenti quanto una corazzata. Il loro armamento era infatti costituito da sei cannoni da 280 mm, otto da 150 mm e altri sei da 100 mm. Oltre la potenza di fuoco, le tre corazzate tascabili disponevano anche di un'arma segreta: il «radar», che i tedeschi chiamavano «Dete» e che si erano ben guardati di rivelare all'alleato italiano.

I primi a entrare in azione in Atlantico furono gli U-Boot. Dieci ore dopo la dichiarazione di guerra, alle 21 del 3 settembre 1939, il piroscafo britannico *Athenia* diretto a New York colò a picco in seguito a un'esplosione. Le vittime furono 112, di cui 28 passeggeri americani, e i giornali parlarono di un siluramento operato dai tedeschi rievocando l'analogo misterioso affondamento del *Lusitania*, che nel 1915 aveva contribuito a spingere gli Stati Uniti nel conflitto. Berlino respinse recisamente ogni responsabilità e accusò Winston Churchill, che aveva appena ripreso il suo incarico del 1914 come Primo lord dell'ammiragliato, di avere provocato l'incidente per incrinare i rapporti fra Germania e Stati Uniti. La smentita di Churchill non convinse nessuno neanche in Inghilterra perché il personaggio era noto per la sua spregiudicatezza. Bisognerà infatti attendere il processo di Norimberga per scoprire la verità. L'affondamento fu effettivamente provocato da un siluro lanciato dall'U-30 comandato dal tenente di vascello Fritz-Julius Lemp, il quale era stato però punito «per avere aperto le ostilità in mare senza preavviso». Fu dunque il giovane Lemp l'autore del primo dei 2603 affondamenti che saranno effettuati dagli U-Boot fra il 1939 e il 1945.

Passò comunque poco tempo perché il «reato» di affondamento senza preavviso diventasse un «merito» che fruttava la croce di ferro. Pochi giorni dopo, infatti, il 5 settembre, il tenente di vascello Herbert Schultze affondò, guadagnandosi questa decorazione, il piroscafo *Royal Sceptre* con due siluri lanciati dal suo U-48. Dopo l'affondamento, Schultze telegrafò direttamente a Churchill, presso l'ammiragliato britannico: «Affondata SS *Royal Sceptre*. Posizione XYZ. Prego raccogliere equipaggio». La guerra appena iniziata era ancora cavalleresca.

La beffa di Scapa Flow

Scapa Flow, una baia desolata nelle Orcadi, all'estremo nord della Scozia, protetta naturalmente da una catena di scogli, era il rifugio più sicuro della Royal Navy. Pontoni, sbarramenti, reti antisommergibili e carcasse di navi affondate ne impedivano l'accesso rendendola praticamente inviolabile. Durante la prima guerra mondiale due sommergibili tedeschi avevano tentato di violarla, ma entrambe le operazioni erano fallite. Oltre che per la sua importanza strategica, la base di Scapa Flow aveva per la Kriegsmarine anche un significato profondamente simbolico. Nel 1919, dopo la fine della guerra, la Hochseeflotte, la flotta principale della marina imperiale tedesca, vi era stata internata, secondo i termini dell'armistizio di Compiègne, ma il suo comandante, l'ammiraglio Ludwig von Reuter, pur di non subire l'umiliazione di cadere in mano britannica, aveva ordinato l'autoaffondamento di tutte le unità. Gli scheletri rugginosi che emergevano in superficie, completando lo sbarramento della baia, erano appunto i resti delle corazzate e degli incrociatori della flotta imperiale germanica.

All'inizio del secondo conflitto, il primo pensiero degli alti comandi della Kriegsmarine si era subito rivolto a Scapa Flow. L'onta della resa bruciava ancora ed era giunto il momento di vendicarla. Per la verità, già dal 1926 l'ammiraglio Wilhelm Canaris, futuro comandante dell'Abwehr, i servizi di intelligence militare tedeschi, aveva messo allo studio un piano meticoloso per riscattare quella pagina nera del 1919. E aveva affidato a un suo agente, l'ex ufficiale di marina Alfred Wehring, il compito di preparare il terreno.

Munito di documenti falsi che garantivano la sua cittadinanza svizzera, Wehring si era trasferito nel piccolo villaggio di pescatori antistante la baia, dove aveva aperto un modesto laboratorio di orologeria. Per anni, dopo essersi facilmente inserito nella piccola comunità, vendendo e riparando orologi, ma soprattutto ascoltando davanti a un boccale di birra le confidenze dei pescatori, Wehring aveva provveduto a raccogliere tutte le informazioni necessarie. Aveva localizzato tutti gli sbarramenti che rendevano inviolabile la base navale britannica e preso nota dei trucchi escogitati dai pescatori che, sfruttando le fasi dell'alta marea, riuscivano a penetrare nella baia per pescare di frodo o per compiere piccole operazioni di contrabbando. Poi aveva atteso con pazienza il giorno della vendetta.

Ai primi di ottobre del 1939, quando il capitano di vascello Karl Dönitz (il futuro comandante supremo della marina da guerra che allora comandava i pochi sommergibili della base di Kiel) ricevette l'ordine di attuare l'operazione Baldur, nome in codice dell'attacco a Scapa Flow, egli aveva dunque già sul tavolo il piano dettagliato che Wehring, tramite Canaris, gli aveva fatto pervenire. Dönitz, quarantotto anni, era un esperto sommergibilista che, malgrado la scarsa importanza ancora riservata all'arma subacquea, era riuscito a addestrare i suoi uomini in maniera eccellente. Per compiere la rischiosa missione, aveva scelto il tenente di vascello Günther Prien, di trentun anni, comandante del sommergibile U-47, un battello di 66,50 metri, armato di un cannone da 88 mm e dotato di cinque tubi lanciasiluri, che sviluppava una velocità di 17,9 nodi in superficie e di 8 in immersione.

Quando all'alba dell'8 ottobre l'U-47 salpò da Kiel nel massimo segreto, solo Prien conosceva lo scopo della missione: l'equipaggio, composto di quarantaquattro uomini, era convinto che si trattasse di una normale esercitazione. Soltanto in alto mare il comandante rivelò ai suoi uomini qual era la loro destinazione.

L'U-47 giunse in prossimità dell'obiettivo la mattina del 12 ottobre, ma attese adagiato sul fondo, alla profondità di 90 metri, la notte fra il 13 e il 14 quando le condizioni del mare sarebbero state più favorevoli. Alle 23.07 del 13 il battello riaccese i motori e si mosse lentamente restando sempre in immersione, a quota periscopio. Il cielo era coperto e a nord baluginava l'aurora boreale. Manovrando abilmente nel Kirk Sound, ovvero l'ingresso orientale della baia, fra la costa rocciosa e le carcasse delle navi sommerse, Prien penetrò finalmente nella baia mai violata. La visibilità era ottima e gli fu quindi facile inquadrare nel periscopio la sagoma nera di una grande nave da battaglia. Era la corazzata *Royal Oak*, da 30 mila tonnellate.

Avanzando cauto come un predatore, l'U-47 si portò nella posizione giusta per effettuare il lancio: circa duemila metri dall'obiettivo. All'ordine di Prien, quattro siluri fuoriuscirono dal battello. Erano silenziosi perché mossi a propulsione elettrica e anche invisibili perché non producevano bolle d'aria. Solo uno di essi però colpì il bersaglio di prua, gli altri neppure esplosero. A bordo della corazzata britannica, la deflagrazione colse di sorpresa nel sonno l'equipaggio, ma nessuno immaginò che si trattasse di un siluro. In un primo tempo si pensò a un attacco aereo, ma poiché non era stato avvertito alcun rumore, si finì con l'attribuire lo scoppio a un'esplosione interna. I danni comunque erano insignificanti.

Prien, frattanto, aveva ripreso la rotta del ritorno, ma quando si rese conto che la nave nemica era rimasta praticamente indenne, virò di bordo e si diresse ancora verso l'obiettivo lanciando altri quattro siluri dalla distanza di millecinquecento metri. Questa volta, tre di essi raggiunsero in pieno la corazzata. La nave sobbalzò, si capovolse e affondò in pochi minuti portando con sé l'intero equipaggio di 833 uomini compreso il comandante contrammiraglio H.E.C. Biagrove. Anche se inseguito da un cacciatorpediniere, il sommergibile riuscì a riattraversare il Kirk Sound e a prendere il largo.

Pioveva a dirotto la mattina del 17 ottobre 1939 quando l'U-47, con l'intero equipaggio schierato sul ponte, rientrò nella base navale di Wilhelmshaven. Una folla strabocchevole si accalcava attorno al recinto del porto pavesato di bandiere, mentre tre bande militari suonavano accanto ai reparti della *Hitlerjugend* e a tante ragazze vestite di bianco che gettavano fiori. Il sommergibile, che portava dipinto sulla torretta un bianco toro, si accostò al molo per consentire al grande ammiraglio Erich Raeder, accompagnato da Dönitz, di salire a bordo. Il comandante in capo della Kriegsmarine volle stringere la mano a tutti i partecipanti all'impresa, poi appuntò sul loro petto la Croce di ferro. Quello stesso giorno, Günther Prien fu condotto in aereo a Berlino per essere ricevuto dal Führer.

La «beffa di Scapa Flow», a parte la risonanza mondiale che ebbe il clamoroso episodio, rivelò agli strateghi l'enorme importanza dell'arma sottomarina nella guerra moderna. In Germania se ne intensificò subito la produzione e Karl Dönitz, promosso contrammiraglio dopo quell'impresa, ebbe così la soddisfazione di constatare che anche Hitler cominciava a condividere le sue vedute circa l'impiego dei sommergibili nella battaglia dell'Atlantico. Sotto il suo comando, gli U-Boot, lanciati all'attacco come branchi di lupi contro i convogli alleati che rifornivano l'Inghilterra, con i loro affondamenti riuscirono, come confesserà Winston Churchill, quasi a strangolare la Gran Bretagna. Lo stesso Dönitz, secondo quanto affermerà nelle sue memorie, era del parere che se all'inizio delle ostilità avesse avuto a disposizione non sessanta, ma trecento sommergibili, avrebbe probabilmente affamato e quindi costretto alla resa la Gran Bretagna nel giro di pochi mesi.

Quanto alla sorte toccata ai protagonisti della «beffa», Karl Dönitz che, come è noto, sarà indicato dal Führer, in procinto di suicidarsi, come il suo «successore», sarà condannato inspiegabilmente a dieci anni di carcere dal Tribunale di Norimberga. Günther Prien fu affondato con il suo U-47 nel marzo del 1941, a sud dell'Islanda, dalle bombe di profondità lanciate dal cacciatorpediniere britannico *Wolverine.* Dal settembre 1939 aveva affondato 31 unità per un totale di 192 mila tonnellate e ne aveva danneggiate 8. Del falso orologiaio Alfred Wehring invece non si conosce la sorte. Scomparve da Scapa Flow subito dopo l'attacco. Quando, allarmati per la sua assenza, i vicini penetrarono nel suo alloggio, trovarono sul tavolo un orario ferroviario aperto con un segno di matita accanto a un treno in partenza per Londra. Sul comodino della sua camera da letto c'era una busta con un po' di denaro destinato alla donna di servizio.

La guerra corsara

Mentre sul fronte terrestre la guerra stagnava, su tutti i mari del mondo accadevano cose strane. Quasi ogni giorno, l'ammiragliato britannico registrava misteriosi affondamenti dei propri mercantili in navigazione sulle rotte commerciali oceaniche: 48 nel solo mese di settembre, 34 in ottobre, 28 in novembre. Neanche le navi da guerra venivano risparmiate. Già il 17 settembre la portaerei *Courageous* era colata a picco nella Manica per quattro siluri lanciati dall'U-29 del comandante Otto Schuhart. In questo caso però le cause erano chiare: i siluri. Ma come spiegare gli altri affondamenti che si verificavano nelle zone dove i sommergibili non potevano essere presenti? All'estuario del Tamigi, per esempio, che era inaccessibile per i sommergibili nemici, sei mercantili erano saltati in aria e anche la corazzata *Nelson*, l'unità più potente della squadra britannica, era stata ridotta a malpartito da una misteriosa esplosione.

Il mistero sopravvisse a lungo e mise in crisi l'ammiragliato. Evidentemente, i tedeschi possedevano una micidiale arma segreta. Ma di cosa si trattava? Se non lo si fosse scoperto sarebbe stato impossibile prendere delle contromisure. Il misterioso stillicidio durò alcune settimane, poi fu finalmente fatta chiarezza. Un aereo tedesco in volo sull'Inghilterra, inseguito dai caccia britannici, per alleggerirsi si era liberato gettando nel Tamigi alcuni ordigni voluminosi, uno dei quali era stato recuperato alla foce del fiume. Esaminato dagli esperti, l'ordigno era risultato essere una mina magnetica, una delle prime «armi segrete» di Hitler. A differenza delle tradizionali mine «a urto», questi ordigni erano infatti sensibili alla forza magnetica esercitata da una nave che passasse anche a distanza. Ne venivano calamitati per poi esplodere sotto la chiglia. Si renderà necessario smagnetizzare tutte le navi per contrastare questo pericolo. Il mistero era stato comunque risolto soltanto a metà, perché gli affondamenti misteriosi continuarono soprattutto nei mari lontani che non potevano essere raggiunti né dagli aerei, né dai sommergibili.

Gli inglesi non avevano dimenticato che, già nel precedente conflitto, la marina tedesca aveva condotto una rudimentale guerra corsara utilizzando dei piroscafi armati, ma ignoravano che, anche in questo campo, i tedeschi avevano compiuto grandi progressi e organizzato in maniera più moderna ed efficace la medievale «guerra di corsa». Le unità attrezzate per la bisogna erano appunto le tre «corazzate tascabili» una delle quali, la *Admiral Graf Spee*, visse un'epopea che appassionò il mondo intero. Questa è la sua storia.

La *Graf Spee* aveva lasciato la base di Wilhelmshaven il 21 agosto 1939. Mancavano dieci giorni all'inizio della guerra, ma la Kriegsmarine aveva approfittato di questo periodo di incertezza per predisporre la sua trappola. A bordo della corazzata il solo a conoscere lo scopo della missione era il comandante Hans Langsdorff, un capitano di vascello di quarantacinque anni, veterano della prima guerra mondiale. L'ordine di operazione che egli aveva ricevuto alla partenza era il seguente: «All'inizio delle ostilità procedere immediatamente alla distruzione del traffico mercantile nemico. La *Graf Spee* dovrà comportarsi come una nave corsara. Solo se indispensabile potrà impegnarsi in battaglia con le unità da guerra nemiche. Potrà camuffarsi, cambiare nome e bandiera. Eseguirà frequenti cambiamenti di posizione per ingannare l'avversario. Non dovrà toccare alcun porto sia pure amico o neutrale. Potrà rifornirsi di carburante, munizioni e viveri dalla nave appoggio *Altmark* che l'attenderà nei luoghi stabiliti».

L'equipaggio della corazzata era composto di 1150 uomini e comprendeva alcune squadre, dette «equipaggi da preda», il cui compito era di impadronirsi dei piroscafi catturati e, se possibile, portarli direttamente in Germania. La nave appoggio della *Graf Spee* era la *Altmark*, una nave cisterna il cui compito era di provvedere agli indispensabili rifornimenti di carburante, viveri e munizioni. I marinai tedeschi la chiamavano «mucca da latte» e seguiva la *Graf Spee* come un satellite, cambiando nome e bandiera e provvedendo a rifornirsi nei porti neutrali.

La prima vittima della *Graf Spee* fu il piroscafo britannico *Clement* incrociato nell'Atlantico al largo di Pernambuco. Sotto la minaccia dei cannoni, Langsdorff ordinò per telegrafo al mercantile di mantenere l'assoluto silenzio radio e il comandante obbedì. I marinai che salirono sul *Clement* per impossessarsene portavano sui berretti il nome della corazzata *Admiral Scheer* cosicché gli uomini del *Clement*, lasciati poi liberi di raggiungere con le scialuppe le coste del Brasile, attribuirono a questa unità la cattura della loro nave. Il piroscafo catturato fu invece preso a rimorchio dalla nave corsara.

Nei giorni che seguirono, la *Graf Spee* abbordò altri due piroscafi dopo avere imposto, come al solito, il silenzio radio. In questi casi, essendo le coste troppo lontane, i marinai britannici catturati furono trasferiti sulla corazzata e le due navi furono prese a rimorchio. Nei giorni seguenti, per allontanarsi dalla zona ormai non più sicura, Langsdorff si diresse con la sua «carovana» a rimorchio verso il Capo di Buona Speranza dove riprese la caccia. Fra il 5 e il 7 ottobre altri tre piroscafi britannici furono catturati, ma a questo punto la lunga catena dei rimorchi si era fatta troppo ingombrante e Langsdorff dovette così rinunciare al sogno di un trionfale ritorno in Germania con l'eccezionale preda. Trasferiti sulla corazzata i prigionieri e i materiali di valore, i piroscafi furono affondati a uno a uno con i siluri e con i cannoni.

Con i marinai prigionieri Langsdorff si comportò correttamente: consumavano lo stesso rancio dei tedeschi, erano lasciati liberi di stare sul ponte, di conversare e fare esercizi di ginnastica. Dopo quindici giorni di crociera, una grossa petroliera battente bandiera norvegese, con il nome *Solveig* scritto sulla fiancata, si accostò alla *Graf Spee* e i prigionieri furono invitati a trasferirsi sulla nuova arrivata. L'invito inatteso fu accolto da un'acclamazione. Trattandosi di una nave neutrale norvegese, tutti erano convinti di avere riacquistato la libertà. Fu quindi molto amara la loro delusione quando scoprirono che si trattava della nave tedesca *Altmark* camuffata per l'occasione da nave neutrale. Per giunta, il comandante della «mucca da latte», capitano Heinrich Dau, era un vecchiaccio di settantasette anni, nazista fanatico, che rivelò subito di non avere le buone maniere di Langsdorff. Abolì tutti i privilegi di cui i prigionieri avevano goduto sulla *Graf Spee*, li rinchiuse nella stiva, ridusse loro i viveri e concesse solo venti minuti d'aria al giorno. Essendo, quei malcapitati, più di centocinquanta, tutti ristretti in ambienti chiusi con l'aria praticamente irrespirabile, la loro condizione si aggravò notevolmente e peggiorò ancora quando, nei giorni seguenti, il loro numero sarebbe più che raddoppiato.

Mentre la *Graf Spee* proseguiva la sua crociera corsara, l'ammiragliato britannico aveva messo in allarme la flotta, ma le informazioni in suo possesso erano scarse. Si riteneva che delle unità tedesche agissero nell'Atlantico. Ma dove si trovavano? Nessun piroscafo fino allora catturato era riuscito a segnalare la propria posizione. E quante erano? Il trucco usato da Langsdorff di cambiare di volta in volta il nome della nave sui berretti dei marinai aveva funzionato.

Per dare la caccia alle navi fantasma, l'ammiragliato dovette organizzare la più vasta operazione di rastrellamento mai realizzata negli oceani. Tutte le unità disponibili furono impegnate nell'operazione. Venne chiamata in Atlantico anche la Mediterranean Fleet, una squadra, alle dipendenze di Andrew Cunningham, formata da trenta unità. Divise in nove gruppi di ricerca, esse perlustrarono l'oceano in lungo e in largo. Ma era come cercare il classico ago nel pagliaio. L'incolumità dalla *Graf Spee* era infatti garantita dal fatto che Langsdorff era sempre riuscito a imporre il silenzio radio alle navi aggredite.

Pochi giorni dopo, una squadra della Royal Navy, composta da tre incrociatori e altre unità, apparve all'orizzonte, ma Langsdorff riuscì ugualmente a cavarsela. Messi al lavoro gli uomini addestrati per le operazioni di camuffamento, questi aggiunsero un fumaiolo di cartone, modificarono con dei teloni le torrette e quindi innalzarono la Union Jack, la bandiera britannica. Quando la *Graf Spee* fu avvistata, essa aveva il profilo di un incrociatore britannico del tipo

Repulse e così mascherata passò tranquillamente in mezzo alle unità nemiche senza sollevare sospetti.

A bordo erano tutti soddisfatti: in tre mesi di guerra corsara avevano colato a picco otto piroscafi, per quasi 50 mila tonnellate di naviglio, e catturato 260 prigionieri poi trasferiti di volta in volta sull'*Altmark*. Altri 65, tutti ufficiali, erano ancora a bordo della corazzata. Tutto dunque filava liscio come l'olio: gli inglesi erano stati abilmente giocati e non era stata ancora versata una sola goccia di sangue. Era proprio una guerra facile la guerra corsara: poco rischio e gloria per tutti.

Il 2 dicembre, tuttavia, un mercantile britannico non obbedì all'ordine. Era il *Doric Star*, il cui marconista riuscì, prima dell'abbordaggio, a lanciare il segnale «RRR», che in codice significava: attaccati da nave nemica. Per la *Graf Spee* la situazione si fece subito critica. E lo fu ancora di più allorché il 3 dicembre il comandante del piroscafo *Tairoa* riuscì a inviare un messaggio con la propria posizione e il nome della corazzata attaccante.

Frattanto, il commodoro Henry Harwood, comandante della divisione incrociatori dell'America meridionale e a capo di una squadra di ricerca composta da due incrociatori leggeri *(Ajax* e *Achilles*) e dall'incrociatore pesante *Exeter*, stava preparando alla *Graf Spee* una trappola mortale. Secondo la versione ufficiale dei fatti sarebbe accaduto questo. L'ammiragliato britannico, dopo un complicato studio dei movimenti della corazzata nemica, sarebbe giunto a formulare l'ipotesi che questa unità, benché si trovasse ancora a tremila miglia dalla foce del Rio della Plata, sarebbe dovuta giungere in quelle acque il 13 dicembre. Esisteva una probabilità su mille che l'intuizione dell'ammiragliato risultasse realistica, eppure tutto ciò effettivamente accadde. Con puntualità sconcertante, la *Graf Spee* giunse all'appuntamento il giorno previsto e trovò ad attenderla i tre incrociatori del commodoro Harwood.

Gli inglesi avevano dunque trovato l'ago nel pagliaio? Questa tesi fu accettata da tutti e gli storici la confermarono sperticandosi nelle lodi rivolte agli abilissimi comandanti britannici per le loro straordinarie intuizioni. In realtà, forse le cose sono andate diversamente. Nel corso della guerra, di «intuizioni» miracolose gli inglesi ne ebbero infatti un po' troppe per non destare sospetti. Spiegazioni analoghe saranno fornite, per esempio, anche a proposito del tragico agguato contro la squadra navale italiana al largo di capo Matapan nell'isola di Creta e, anche, per l'affondamento della corazzata tedesca *Bismarck* al largo di Brest.

Il 28 marzo 1941 la squadra italiana comandata dall'ammiraglio Angelo Jachino era caduta nella trappola tesale dall'ammiraglio Andrew Cunningham, il quale con «eccezionale intuizione e puntualità cronometrica» l'aveva colta di sorpresa al largo di Creta riuscendo a colare a picco tre nostri incrociatori e due cacciatorpediniere, con la perdita di quasi tremila uomini, prima ancora che le nostre unità avessero il tempo di puntare i cannoni. Il successivo 27 maggio la *Bismarck*, una corazzata da 50 mila tonnellate, addirittura giudicata inaffondabile, era stata invece affondata dagli inglesi che l'avevano miracolosamente individuata dopo una settimana di ricerche affannose fra le nebbie del Mare del Nord. In entrambi i casi, la storia ufficiale attribuisce il successo «alla straordinaria abilità dei comandanti britannici».

Oggi sappiamo invece che fu tutto merito di *Ultrasecret*, la sola «arma segreta» dell'Inghilterra, ma anche l'unica che ebbe un ruolo determinante nel secondo conflitto mondiale. La sua esistenza fu rivelata soltanto trent'anni dopo la fine della guerra quando scaddero i termini del «top secret». Si trattava di un complicato congegno elettronico, antesignano dei moderni computer, per mezzo del quale l'Intelligence Service fu in grado, per l'intera durata della guerra, di «leggere» tutti i dispacci in codice che i comandi tedeschi si scambiavano attraverso il codificatore *Enigma*, di cui si fidavano ciecamente ritenendolo impenetrabile. La trappola di Matapan fu infatti suggerita dall'intercettazione di un messaggio in codice della Luftwaffe che indicava l'esatto itinerario che avrebbe percorso la squadra italiana alla quale doveva assicurare la protezione aerea. Cunningham ne prese nota, si appostò nel luogo convenuto e gli italiani caddero nella trappola. La *Bismarck*, fu invece localizzata grazie alle ansie di un genitore. Un generale tedesco, che aveva un figlio imbarcato come guardiamarina sulla corazzata tedesca, quando apprese che gli inglesi le stavano dando la caccia, da Atene, dove si trovava, aveva chiesto allarmato a Berlino attraverso *Enigma*: «Cosa stata accadendo sulla *Bismarck*?». «La nave è salva» era stata la risposta. «È sfuggita alle ricerche e sta dirigendosi verso Brest.» Gli inglesi, che la stavano cercando fra le brume dell'Artico, provvidero a tenderle un agguato mentre la corazzata navigava sicura in direzione del porto francese. La *Bismarck* fu affondata dopo una durissima battaglia.

Qualcosa di simile deve essere accaduto anche per la *Graf Spee*. Erano le 6.15 del 13 dicembre quando la sua sagoma si profilò puntuale all'orizzonte. Furono comunque i tedeschi ad avvistare per primi la squadra nemica, e il comandante Langsdorff, scambiando gli incrociatori per dei cacciatorpediniere, si lanciò all'attacco sicuro di avere la meglio. Questo fu il suo primo errore.

Tuttavia, pur trattandosi di incrociatori, la *Graf Spee* godeva di grandi vantaggi. Era più veloce e disponeva di sei cannoni da 280 mm e di otto da 150 mm regolati da una perfetta centrale di tiro. I tre incrociatori disponevano invece complessivamente di sei cannoni da 203 mm (quelli dell'*Exeter*) e di sedici da 150 mm. Una sola bordata della *Graf Spee* poteva schiantare la corazza sottile delle unità britanniche, mentre anche tre bordate simultanee degli incrociatori inglesi difficilmente avrebbero potuto perforare la robusta corazza della nave corsara. Per giunta, i cannoni della *Graf Spee* avevano una gittata più lunga di quelli delle navi avversarie, cosicché poteva colpirle senza rischiare di essere colpita.

Appunto per non correre il rischio di essere bersagliato a distanza, il commodoro Harwood manovrando con grande bravura, spinse la sua squadra il più sotto possibile alla nave nemica e dispose a semicerchio gli incrociatori affinché l'avversario fosse costretto a diversificare il tiro. Langsdorff reagì proprio come gli inglesi speravano: con la torre di prua prese di mira l'*Exeter* e con quella di poppa puntò i cannoni contro l'*Ajax*. Il primo a sparare fu l'*Exeter* e la sua salva colpì la corazzata senza però produrre danni gravi, mentre la bordata di risposta della *Graf Spee* gli spazzò via la torre poppiera lasciandogli un solo cannone in grado di sparare. La battaglia durò un'ora e mezzo e fu molto dura. Diversificando il tiro, la corazzata tedesca centrò più volte le tre unità avversarie, incassando altri colpi che danneggiarono le strutture e uccisero una trentina di marinai. Anche Langsdorff fu ferito alla testa, ma non lasciò il comando e la sua nave colpì ancora una volta l'*Exeter* mettendolo definitivamente fuori combattimento. Anche gli altri due incrociatori furono colpiti più volte, subendo danni meno gravi.

Pur avendo commesso degli errori, in questo scontro il comandante tedesco fu molto vicino al successo. Un errore fu sicuramente quello di non avere approfittato della maggiore gittata dei suoi cannoni: avrebbe potuto affondare le tre unità affrontandole una alla volta senza essere colpito. Un altro fu quello di non aver approfittato della superiorità per liquidare i due incrociatori superstiti. Alle 10 del mattino, forse perché temeva che le unità inglesi attendessero rinforzi, Langsdorff interruppe di sua iniziativa il combattimento e si allontanò a tutta forza in direzione dell'estuario del Rio de la Plata. Abbandonato l'*Exeter* al suo destino, il commodoro Harwood si mise però sulla sua scia con l'*Ajax* e l'*Achilles*. Non voleva perdere il contatto con la preda prima del sopraggiungere dei rinforzi, che erano effettivamente in arrivo benché ancora molto più lontani di quanto Langsdorff temesse. Durante la traversata, inglesi e tedeschi continuarono a scambiarsi cannonate fino a quando non furono vicini alle coste dell'Uruguay. A questo punto Langsdorff, contravvenendo agli ordini ricevuti, decise di rifugiarsi nel porto neutrale di Montevideo. La sua nave era danneggiata e a bordo c'erano molti morti e molti feriti: evidentemente ritenne di non poter fare altrimenti. Gli inseguitori si fermarono invece al limite delle acque territoriali. Ormai la preda era in trappola.

Quando la *Graf Spee* entrò nel porto a luci spente e senza pilota erano le undici di sera, ma gli ambasciatori – il tedesco Langmann, l'inglese Millington-Drake e il francese Desmoulins – erano già alle prese con il ministro degli Esteri uruguayano Alberto Guani, che li aveva ricevuti in smoking essendo stato colto di sorpresa durante un ricevimento. Secondo le convenzioni internazionali, una nave belligerante non poteva sostare in un porto neutrale più di ventiquattro ore, salvo che per cause di cattivo tempo o di avarie. In quest'ultimo caso, l'autorità locale doveva valutare i danni e concedere il tempo necessario per ripararli. Naturalmente, non erano ammesse quelle riparazioni che potevano accrescere la sua potenza bellica, come non era ammesso il rifornimento di armi e munizioni.

Per qualche ora, regolamenti alla mano, i diplomatici battibeccarono di fronte al ministro Guani che li ascoltava pazientemente. L'ambasciatore inglese non voleva sentire ragioni e insisteva affinché fossero concesse alla nave tedesca soltanto le ventiquattro ore stabilite. Quello tedesco invece tergiversava per guadagnare tempo. Dopo uno scambio di telefonate con Londra e con Berlino, la situazione però si capovolse. Informato che i due incrociatori erano troppo danneggiati per competere con la corazzata tedesca qualora questa li avesse di nuovo affrontati, e reso consapevole che la squadra britannica di rinforzo distava ancora quattro giorni di navigazione, il diplomatico britannico mutò infatti tattica e si mostrò disposto a concedere addirittura quindici giorni d'asilo alla nave nemica. La diatriba si prolungò fino all'alba e fu il ministro Guani a tagliare la testa al toro. Poiché la corazzata tedesca non era un ospite gradito e il governo uruguayano intendeva liberarsene appena possibile, egli stabilì che la sosta non dovesse superare le settantadue ore. La nave tedesca avrebbe dovuto salpare alle 19.30 di domenica 17 dicembre.

Il mattino seguente, 14 dicembre, Langsdorff mise in libertà i prigionieri che aveva ancora a bordo e chiese di poter sbarcare i marinai feriti. Nel pomeriggio ebbero luogo anche i funerali dei trentasei marinai tedeschi caduti in battaglia. Alla cerimonia svolta nella cattedrale partecipò una folla enorme richiamata dall'eccezionalità dell'avvenimento. Erano presenti anche gli ex prigionieri britannici che vollero deporre una corona di fiori sulle bare dei nemici caduti.

Frattanto, l'eccezionale evento aveva richiamato sulle spiagge e sulle coste del Rio de la Plata migliaia di persone che stavano godendosi l'estate sudamericana. La notizia era volata sulle onde della radio e i giornali dedicavano alla vicenda della nave corsara commenti e fotografie. Dovunque, la straordinaria avventura della *Graf Spee* era al centro di ogni conversazione. Per i comandi navali cominciarono invece ore molto difficili. L'arrivo della *Graf Spee* a Montevideo costituiva un problema spinoso sia per i tedeschi che per gli inglesi. Appena informato del caso, l'ammiragliato britannico aveva ordinato a tutte le unità disponibili nell'Atlantico di muovere in direzione di Montevideo. La prudenza di Londra arrivò al punto di indirizzare verso questo obiettivo complessivamente sei incrociatori pesanti, l'incrociatore da battaglia *Renown*, le portaerei *Eagle* e *Ark Royal* e un nugolo di cacciatorpediniere.

Sulle navi inglesi che avevano partecipato alla battaglia e che ora sostavano nelle acque extraterritoriali davanti all'estuario del Rio de la Plata regnava naturalmente il nervosismo dell'attesa. Il commodoro Harwood era deciso a non lasciarsi sfuggire la preda, ma non era certo nelle condizioni migliori per affrontarla qualora Langsdorff avesse tentato una sortita. La promozione ad ammiraglio che, in riconoscenza del coraggio dimostrato, gli era giunta da Londra proprio in quelle ore non bastava a rasserenarlo.

Da parte sua, Langsdorff brancolava nell'incertezza. Era infatti bersagliato da segnali contraddittori ma era convinto che altre navi inglesi si fossero unite ai due incrociatori che lo attendevano all'imboccatura del porto rendendo così troppo rischioso un suo eventuale tentativo di forzare il blocco. Il suo era un timore infondato perché, in effetti, soltanto il piccolo incrociatore *Cumberland* era riuscito a unirsi ai malconci *Ajax* e *Achilles*, dopo avere effettuato una traversata a tempo di record dalle isole Falkland. Tuttavia i servizi segreti britannici non erano rimasti inattivi: diramando false notizie attraverso le agenzie di stampa, erano riusciti a far credere che il *Renown* e *l'Ark Royal* avessero già raggiunto l'imboccatura dell'estuario del Rio de la Plata. Di conseguenza, se la *Graf Spee* avesse tentato effettivamente una sortita alla disperata, avrebbe certo sfondato il modesto ostacolo rappresentato da quei tre piccoli incrociatori, due dei quali già malridotti. Ma Langsdorff non aveva un quadro esatto della situazione e, nello stesso tempo, era pure consapevole che gli inglesi non l'avrebbero più perso di vista ora che la sua nave era stata localizzata.

Domenica mattina, 17 dicembre 1939, tutti i binocoli di Montevideo erano puntati sulla *Graf Spee* che sostava isolata al centro della rada. I battelli dei radiocronisti e dei cineoperatori le facevano corona alla distanza consentita. Nel pomeriggio, Langsdorff scese a terra e rimase alcune ore nell'ambasciata tedesca. Ebbe un lungo colloquio telefonico con Berlino, ma non rivelò a nessuno gli ordini ricevuti.

Al calare della sera, l'attesa in città si era fatta spasmodica e una folla enorme si era radunata attorno al porto. La *Graf Spee* avrebbe affrontato la battaglia? Tutti pensavano che questo sarebbe accaduto prima o poi, perché tale era la reazione che ci si attendeva dai nuovi signori della guerra che stavano facendo tremare l'Europa. Assistere a una battaglia navale era uno spettacolo che nessuno intendeva perdere. Tale previsione sembrò avverarsi quando, alle 19.30, la nave si mosse lentamente verso il largo seguita, pochi minuti dopo, da un mercantile tedesco, il *Tacoma*, che si trovava nel porto. Le due navi avanzarono ancora per qualche minuto affiancate, poi si fermarono appena fuori dalle acque territoriali e si accostarono una a fianco dell'altra. Nel frattempo, dalle foci del Rio della Plata, che segna il confine fra l'Uruguay e l'Argentina, erano sopraggiunti alcuni battelli, provenienti da Buenos Aires, che erano andati anch'essi ad accostarsi ai fianchi della corazzata. Sui bordi si notò un confuso movimento e un va e vieni di uomini e di cose. L'equipaggio della *Graf Spee* stava trasbordando nei battelli, i quali si allontanarono per poi risalire il fiume in direzione di Buenos Aires. Cosa stava accadendo? Con il fiato sospeso, la folla seguiva la manovra. Per una decina di minuti la corazzata rimase immobile, poi una grande fiammata fu vista levarsi dal ponte. Langsdorff l'aveva fatta saltare.

Lo spettacolo fu intensamente drammatico. Il chiasso della folla tacque di colpo e nel giro di pochi attimi giunse anche il fragore dell'esplosione che durò per più di un'ora con un susseguirsi di scoppi. La *Graf Spee* bruciò a lungo nel buio della notte, poi si piegò sul fianco e si adagiò sul fondale di appena otto metri. Il giorno seguente la fotografia della corazzata in fiamme fece immediatamente il giro del mondo e molti esperti di tecnica navale si chiesero perplessi cosa mai fosse quel misterioso traliccio che si innalzava sulla torre. Ma gli inglesi non ebbero dubbi: capirono subito che anche i tedeschi possedevano il radar.

L'equipaggio della corazzata affondata trovò asilo in Argentina, il cui governo era più favorevole alla Germania di quello uruguayano. Nei giorni che seguirono, Langsdorff ebbe molti colloqui telefonici con Berlino, ma non si conoscono le disposizioni da lui ricevute. Probabilmente lo rimproverarono per gli errori commessi e forse anche per non avere scelto la morte eroica suggerita dall'assurda tradizione del comandante che perisce con la sua nave. Tutto ciò era troppo per un comandante logorato da tre mesi di guerra di corsa, da una battaglia perduta e dagli ultimi avvenimenti. Ma il boccone più amaro gli fu servito dalle agenzie di stampa che nel pomeriggio del 19 dicembre annunciarono che la squadra britannica di rinforzo era finalmente giunta nell'estuario del Rio de la Plata. Gli inglesi lo avevano beffato. Quella sera stessa, Langsdorff si ritirò nella sua camera e dopo avere scritto una lettera alla moglie si sparò un colpo di pistola alla tempia.

Il motivo di questo ritardato suicidio non è ancora del tutto chiaro. D'altra parte, gli organi della propaganda nazista sollevarono un grande polverone per nascondere la beffa subita riuscendo addirittura a trasformare l'episodio in un'epica impresa della marina tedesca. In realtà, a Berlino non si era tardato a capire che forse un comandante più audace di Langsdorff avrebbe potuto salvare la sua nave o, comunque, evitarle quella fine ingloriosa. Infatti, mentre la stampa tedesca esaltava l'«eroismo» del capitano Langsdorff, un oscuro burocrate della Kriegsmarine rubricava il suo suicidio come «un'iniziativa personale» e assegnava alla sua vedova la rituale «mezza pensione», ossia la «reversibile» che spetta alle vedove dei caduti.

Gli inglesi diedero molta importanza a questa battaglia. Sulla stampa e nei discorsi dei politici ricorse più volte il nome di Francis Drake il grande corsaro britannico che aveva contribuito a far grande l'Inghilterra (curiosamente, l'ambasciatore inglese a Montevideo, sir Eugen Millington-Drake, era un suo discendente). Ma la generale soddisfazione non era soltanto per la grande vittoria contro una corazzata la cui potenza era stata forse sopravvalutata, ma anche perché molti inglesi intravidero in quel successo un lieto presagio per il futuro. Non era cominciata così anche la prima guerra mondiale, con una vittoria nelle acque sudamericane contro le navi tedesche comandate dall'ammiraglio Maximilian Graf von Spee che vi aveva trovato la morte insieme ai suoi due figli? Ora, ironia del caso, la corazzata tedesca affondata portava il suo nome.

III
LA GUERRA NELLA NEVE

La Russia contro la Finlandia

Mentre la guerra continuava a stagnare davanti alla Linea Maginot, nel Nordest dell'Europa stavano accadendo avvenimenti di grande importanza. L'URSS, conclusa la campagna di Polonia al fianco dell'alleata Germania, non aveva tardato a realizzare i suoi disegni strategici. Il patto Hitler-Stalin la lasciava infatti libera di estendere la propria «influenza» sulla Lettonia, l'Estonia e la Lituania, le tre antiche province dell'impero zarista che avevano conquistato la propria indipendenza dopo la rivoluzione bolscevica. Fino a quel momento, questi tre piccoli paesi baltici che, grazie alla propria autonomia, avevano raggiunto un invidiabile livello di vita, avevano benedetto il giorno in cui si erano liberati dal dominio russo e consideravano la Germania il custode della loro sicurezza rispetto alle mire revansciste dell'altro minaccioso vicino. Ma ora che il custode si era alleato con l'antico padrone, la loro sopravvivenza si era fatta precaria.

Già il 28 settembre 1939, l'Estonia aveva dovuto accettare un ambiguo trattato di «mutua difesa e assistenza», acconsentendo in pratica a una vera e propria occupazione militare. La stessa capziosa convenzione era stata poi imposta, il 5 ottobre, alla Lettonia e il 10 alla Lituania. I deboli governi di Tallin, di Riga e di Vilnius erano stati costretti a fare buon viso a cattivo gioco cullandosi nell'illusione di conservare almeno l'autonomia interna. Ma Stalin era andato per le spicce. Ignorando le vane proteste dell'ormai inutile Società delle Nazioni, aveva incorporato i tre paesi nell'Unione Sovietica e trasformato le isole di Hiiumaa e Saaremaa e i porti di Ventspils e Liepāja in altrettante basi della marina militare.

Era la prima volta che l'Armata Rossa faceva il suo ingresso nelle ricche città baltiche e l'abbondanza delle merci e degli articoli voluttuari esposti nei negozi entusiasmò oltre ogni dire gli esterrefatti soldati sovietici abituati alle ristrettezze di casa propria. Cosicché, grazie al valore esagerato assegnato al «rublo d'occupazione», la pacifica invasione sovietica si trasformò in uno smisurato shopping. I russi, e soprattutto le mogli degli ufficiali che avevano seguito i consorti, svuotarono i negozi comprando, o sequestrando, tutti quei beni «borghesi» tanto disprezzati dall'austera propaganda comunista. Andarono a ruba abiti, gioielli, liquori, orologi e persino le macchine da scrivere che gli ingenui *mužik* cercavano invano di far suonare avendole scambiate per fisarmoniche. Una curiosa notizia fece sorridere mezzo mondo: durante una serata di gala all'Opera di Riga, le autorità locali credettero di sognare vedendo avanzare i generali russi con il petto ricoperto di medaglie che davano fieramente il braccio alle rispettive signore in fruscianti camicie da notte. Le avevano scambiate per eleganti abiti da sera.

Con la riconquista delle antiche province dell'impero zarista, si era riaffacciato a Mosca anche l'antico problema degli Stretti che nel passato era stato causa di gravi frizioni con i paesi confinanti. Il Mar Baltico e l'oceano Artico sono infatti pieni di strozzature e di passaggi obbligati che ora ostacolavano le rotte sovietiche verso i mari aperti. Ottenuto il controllo delle basi baltiche, per risolvere definitivamente il problema a Mosca non restava che indurre la Finlandia a cederle il controllo della sua costa meridionale la quale domina il golfo angusto che porta a San Pietroburgo, allora ribattezzata Leningrado.

Anche la Finlandia era stata sottoposta al dominio degli

zar fino al 1917, ma durante la rivoluzione bolscevica aveva riconquistato l'indipendenza perché, a differenza di quanto era accaduto altrove, a vincere in Finlandia non erano state le «guardie rosse» di Trockij, bensì le «guardie bianche» del generale Mannerheim. I pochi comunisti finlandesi, guidati da Otto Kuusinen, erano stati in seguito messi fuori legge e il loro leader si era rifugiato a Mosca in attesa di tempi migliori.

Carl Gustaf Mannerheim, che era allora presidente del consiglio superiore di Difesa, era nato nel 1867. Ufficiale di cavalleria nell'esercito zarista, aveva partecipato alla guerra russo-giapponese del 1905 e l'anno dopo aveva compiuto una storica spedizione geopolitica: la traversata dell'Asia centrale, a cavallo, da Taškent, in Uzbekistan, a Kashgar, in Cina. Generale all'inizio della prima guerra mondiale, nel 1917, quando scoppiò la rivoluzione bolscevica, ritornò nella natia Finlandia che aveva nel frattempo proclamato la propria indipendenza, ma versava in una situazione disperata. Il governo legale era infatti virtualmente prigioniero di trentamila guardie civiche, comuniste, aiutate da migliaia di agenti sovietici che intendevano ricondurre la Finlandia nell'orbita di Mosca. L'unica forza non bolscevica disponibile erano cinquemila guardie civiche rimaste fedeli al governo. Mannerheim ne assunse il comando, si trasferì nell'Ostrobotnia meridionale dove, sorretto dalla popolazione, iniziò una intelligente azione di guerriglia (audaci attacchi a sorpresa, folgoranti colpi di mano, mai una battaglia campale) riuscendo in quattro mesi a cacciare dalla Finlandia le guardie rosse e i loro simpatizzanti. Mannerheim avrebbe voluto proseguire la lotta contro i bolscevichi convinto, forse con ragione, che grazie all'aiuto dei paesi occidentali e delle masse contadine scontente avrebbe potuto facilmente troncare sul nascere la rivoluzione bolscevica. Prudentemente, il governo finnico decise che era meglio non tentare l'avventura. Mannerheim si ritirò per un certo periodo in Svezia e nel 1932 gli fu assegnato l'incarico di presidente del consiglio di Difesa finlandese. Dopo di allora, prevedendo con lungimiranza che i russi non avrebbero rinunciato alla riconquista della Finlandia, aveva preordinato un dispositivo logistico (depositi segreti di armi, campi di atterraggio ecc.) e distribuito le poche forze a disposizione secondo criteri strategici che si sarebbero rivelati utili al momento opportuno. Soprattutto, fece costruire una modesta linea di difesa lungo l'istmo careliano cui fu dato il suo nome. Nell'insieme, si trattò di un capolavoro militare che permetterà a un piccolo paese di battersi con onore contro un colosso quale l'Unione Sovietica.

Nata perciò sotto il segno dell'odio ideologico, la diffidenza fra russi e finnici era reciproca e ventinove anni di pace non erano valsi a cancellarla. Peraltro, gli orgogliosi finlandesi, convinti della loro superiorità rispetto ai russi, avevano sempre rifiutato di scendere a compromessi e in molte occasioni erano riusciti a farsi rispettare. Esisteva persino un piccolo partito sciovinista che avanzava rivendicazioni territoriali non solo in Carelia ma anche nella regione a nord di Leningrado. Comunque, il governo democratico di Helsinki aveva sempre evitato di assumere atteggiamenti provocatori. D'altronde, nel 1939, la Finlandia contava appena 3.700.000 abitanti. Una formica rispetto al grande vicino.

Tutto il mondo infatti rise quando l'URSS accusò la Finlandia di minacciare Leningrado. Ma i russi non scherzavano. Per garantire la sicurezza dei confini, il ministro degli Esteri sovietico, Molotov, pretendeva che il governo di Helsinki cedesse alla Russia una parte del suo litorale artico, una base nella penisola di Hanko, il diritto di entrare con le sue navi nella baia di Lapponia e, per giunta, l'eliminazione della linea fortificata che il «padre della patria» Mannerheim aveva saggiamente fatto costruire nell'istmo di Carelia.

Se avesse dato ascolto alla reazione popolare, il governo finnico avrebbe dovuto rispondere con un secco no, ma la ragione ebbe il sopravvento. Chiese infatti di trattare, tuttavia le trattative furono bruscamente interrotte da sette misteriosi colpi di cannone che andarono a uccidere alcuni soldati sovietici. Chi aveva sparato? «I finlandesi» dissero i russi. «I russi» ribatterono i finlandesi. Due giorni dopo, Mosca diramò anche una sconcertante notizia: russi e finlandesi si erano messi d'accordo e avevano firmato un patto di non aggressione. A quella notizia, a Helsinki caddero dalle nuvole, ma Mosca si preoccupò di precisare che a firmare il patto non era stato quel reazionario del generale Mannerheim, bensì il «patriota» Otto Kuusinen, che aveva creato un governo finlandese fantasma in un villaggio di confine. Non solo: il governo di Kuusinen aveva pure invitato il «popolo fratello», ossia i russi, a intervenire in suo aiuto per «liberare» la Finlandia.

Otto Kuusinen era il primo dei vari leader comunisti europei rifugiati a Mosca che Stalin avrebbe inviato come suoi proconsoli nei rispettivi paesi a guerra finita: Mátyás Rákosi in Ungheria, Klement Gottwald in Cecoslovacchia, Władisław Gomułka in Polonia, Anna Pauker in Romania, Walter Ulbricht nella Germania orientale, Georgi Dimitrov in Bulgaria, Enver Hoxha in Albania e Palmiro Togliatti in Italia. Con la differenza che, per eccesso di ottimismo, con Kuusinen Stalin giocò d'anticipo, mentre per gli altri, tranne che per Togliatti, attenderà prudentemente che l'Armata Rossa gli preparasse il terreno. Convinto dunque di impadronirsi della Finlandia con una rapida *Blitzkrieg* in versione sovietica, Stalin rispose all'appello di Kuusinen e il 30 novembre 1939 diede inizio alle ostilità.

L'ONU di allora, ossia la Società delle Nazioni, che ormai contava addirittura meno di quanto conti oggi la sua erede (gli USA non ne facevano parte e ne erano uscite nel frattempo Germania, Italia e Giappone), accusò l'URSS di aggressione. Mosca rispose manifestando ipocritamente tutto il suo stupore: le relazioni con la Finlandia non erano mai state migliori, tanto era vero che Kuusinen e Molotov avevano appena firmato un patto d'amicizia. Il governo sovietico, insomma, non riusciva proprio a capire di cosa lo si accusasse... In risposta, la Società delle Nazioni espulse l'Unione Sovietica e, subito dopo, tirò le cuoia estenuata dal suo primo gesto energico.

Intanto lassù, nel profondo Nord, era cominciata un'altra guerra fra due nazioni estranee al conflitto europeo. Il piano di operazioni sovietico era semplice: si trattava di marciare rapidamente su Helsinki per installarvi il «patriota» Kuusinen con il suo governo fantoccio. Il comando dell'Armata Rossa era così sicuro del fatto suo che si limitò a mandare in linea le sole unità del distretto di Leningrado: un'armata di circa 140 mila uomini appoggiata da un migliaio di carri armati. D'altra parte, almeno sulla carta, queste forze erano considerate più che sufficienti per affrontare un esercito di 33 mila uomini di cui soltanto 13 mila erano schierati su quaranta chilometri, fra il golfo di Finlandia e il lago Ladoga, dietro una modesta fortificazione, fatta di casematte e di rifugi di legno, dal nome altisonante di Linea Mannerheim.

Fin dai primi scontri, per i russi fu una brutta sorpresa. I finlandesi si battevano con il coraggio della disperazione e anche con maggiore sagacia. Evitando uno scontro frontale nel quale, per l'abissale differenza di forze, i finlandesi avrebbero avuto la peggio, Mannerheim, che aveva assunto il comando militare, applicò la stessa tattica impiegata anni prima contro le guardie rosse: rapide azioni, colpi di mano, sabotaggi, senza mai affrontare sul campo l'esercito invasore. D'altra parte, il paese dai trentacinquemila laghi era l'ideale per gli attacchi a sorpresa collettivi o individuali tipici della guerriglia.

I finnici si rivelarono subito dei combattenti audaci e determinati. Sorretto da un forte spirito patriottico, il soldato finnico, guidando la sua *pulca*, la piccola slitta trainata da una renna, possedeva una mobilità dieci volte superiore a quella dei reparti sovietici, mentre i fanti-sciatori, i cosiddetti *sissit*, da soli o divisi in piccoli gruppi, compivano spericolate azioni sbucando da ogni parte per aggredire sui fianchi le ingombranti formazioni sovietiche. Non attaccavano mai allo scoperto, ma sempre sulla corta distanza, con trappole e agguati improvvisi. Favoriti dalla notte polare e dalla conoscenza del terreno che era un intrico di boschi, rocce, nevi e laghi ghiacciati, i *sissit* inflissero all'Armata Rossa durissime perdite. Erano tutti tiratori provetti e la loro efficienza fisica era eccezionale perché più assuefatti dei russi a vivere all'aria aperta nel clima artico.

A differenza dei polacchi, che si erano illusi di fermare i carri con la cavalleria, essi vi si opponevano, quando mancavano i cannoni anticarro, con i mezzi più improvvisati: slitte esplosive, trappole dei cacciatori e altri trabocchetti. Fu, per esempio, un soldato finnico a inventare quella che poi sarà ingiustamente chiamata «bottiglia Molotov». Egli scoprì che una piastra laterale dei carri sovietici, resa rovente dalla vicinanza del motore, si incendiava facilmente. Bastava lanciarle contro una bottiglia di benzina. La sua trovata fu rapidamente utilizzata dai compagni e per i russi fu un'altra amara sorpresa. Nel buio della lunga notte artica ebbero una funzione di rilievo anche i riflettori, di cui i finlandesi fecero l'uso opportuno. In ogni squadra di *sissit* un uomo ne portava uno legato sul petto che veniva acceso al momento dell'attacco per abbagliare il nemico. Cosicché, in capo a una settimana, ma a costo di tantissime perdite, l'offensiva sovietica fu bloccata e umiliata, mentre in tutto il mondo si cominciò a enfatizzare l'epopea finlandese paragonandola al duello di David contro Golia.

Due pesi, due misure

Il proditorio attacco dell'URSS alla Finlandia faceva evidentemente parte di un disegno aggressivo scaturito dal patto tedesco-sovietico che aveva dato fuoco alle polveri. Questo era certamente chiaro alle cancellerie occidentali, ma nessun governo assunse in proposito una posizione ufficiale. Nel mondo frattanto cresceva l'ammirazione per l'eroica Finlandia, tuttavia non ci si affrettava a correre in suo aiuto. Si era sperato che la solidarietà scandinava avrebbe potuto provocare l'intervento della Svezia, della Norvegia e della Danimarca, invece i tre paesi si limitarono a consentire la formazione di un corpo di volontari (1000 la Svezia, 800 la Danimarca e 200 la Norvegia) rifiutando però di uscire dalla loro sacra neutralità. I soli paesi belligeranti, o «nonbelligeranti» come l'Italia, avrebbero potuto aiutare concretamente la Finlandia. Molti tedeschi e molti italiani non vedevano infatti l'ora di farlo e avrebbero desiderato menare le mani contro gli odiati bolscevichi, ma l'alleanza tedesco-sovietica era ancora troppo indispensabile a Hitler e il suo alleato Mussolini fu costretto di malavoglia a adeguarsi (anche se invierà di nascosto aerei e rifornimenti). La Francia e l'Inghilterra potevano invece intervenire liberamente e lo fecero, anche se tardivamente, quando l'esercito russo aveva già sfondato le linee, e dando vita a un'intricata vicenda diplomatica che ancora oggi nasconde molti interrogativi. Per esempio, perché Francia e Inghilterra si prodigarono molto di più per portare aiuto alla neutrale Finlandia di quanto avevano fatto per l'alleata Polonia? Insomma, pareva che il destino del mondo fosse in gioco lassù, lungo la Linea Mannerheim e non nel cuore dell'Europa dove i soldati franco-inglesi da una parte e i tedeschi dall'altra si stavano a guardare come fossero in attesa di qualcosa. Ma di cosa?

I giornali parlavano soltanto della Finlandia anche perché tutti i più famosi corrispondenti di guerra della stampa internazionale erano stati rapidamente trasferiti fra i ghiacci della Carelia lasciando vuoti i posti di osservazione lungo il tranquillo fronte franco-tedesco. Infatti, le loro spesso enfatiche corrispondenze contribuirono a sollevare un coro collettivo di condanna contro l'Unione Sovietica, mentre si andava invece smorzando quello contro la Germania nazista. Cosa stava accadendo?

In quel tardo autunno del 1939, la guerra si fece sempre più strana. In Europa si combattevano due conflitti distinti, quello dei franco-inglesi contro i tedeschi e quello dei finlandesi contro i russi. Ma del primo, come si è detto, quasi più non si parlava, mentre il secondo era quotidianamente all'ordine del giorno. D'altronde, tutti ormai in Europa, salvo la Germania, tifavano per i finlandesi. Lo facevano anche i giornali italiani i quali – a dispetto del gioco delle alleanze secondo cui, essendo l'Italia alleata della Germania e questa della Russia, avrebbero dovuto parteggiare per i sovietici – erano stati invece lasciati liberi di esaltare l'eroica resistenza finlandese. E non solo. Come si è già detto, Mussolini inviò segretamente in Finlandia una cinquantina di moderni aerei da caccia Fiat G.50 e, pur sapendo di indispettire Hitler, tollerò che si svolgessero nelle piazze clamorose manifestazioni di solidarietà per l'eroico popolo finlandese minacciato dal «pericolo rosso». Come accadde negli altri paesi europei, anche dall'Italia partirono molti «volontari» autorizzati, oltre a quelli partiti di propria iniziativa, come fece il sergente maggiore pilota valtellinese Diego Manzocchi che si arruolò nell'aeronautica finnica e cadde in combattimento sul lago Ladoga, dopo una serie di vittoriosi duelli aerei con i Rata sovietici. Fu decorato alla memoria con il massimo riconoscimento finlandese e ora riposa a Helsinki nel cimitero degli eroi.

Regnava insomma in Europa una grande confusione. Ma solo per l'opinione pubblica; l'aggressione sovietica alla Finlandia aveva infatti in realtà dato inizio a una serie di strani giochi diplomatici che in seguito, quando Stalin ruppe con Hitler per diventare un prezioso alleato degli occidentali, saranno opportunamente secretati.

Non c'è dubbio che gli ultimi avvenimenti avevano fatto rinascere l'illusione del 1918-19, quando gli occidentali avevano tentato invano di abbattere la nascente Unione Sovietica. Questa volta invece, visti gli insuccessi conseguiti dall'Armata Rossa contro il minuscolo esercito finnico, un attacco deciso sarebbe stato sufficiente a fare crollare lo Stato bolscevico. Per questa ragione era stata alimentata una campagna propagandistica in favore dell'eroica Finlandia con lo scopo principale di dirottare contro l'Unione Sovietica il biasimo dell'opinione pubblica. Ma sotto le sembianze di una guerra ideologica, si nascondevano anche considerazioni di carattere strategico. Andare in aiuto della Finlandia avrebbe offerto agli Alleati un buon pretesto per insediarsi in Scandinavia e colpire indirettamente la Germania. Infatti, oltre a eliminare il suo prezioso alleato sovietico, sarebbe stato possibile, nel contempo, privare i tedeschi dei rifornimenti di minerali di ferro che ricevevano dalla Svezia e dalla Norvegia, nonché chiudere ermeticamente il blocco navale contro la Germania stessa. Tre piccioni con una sola fava, insomma.

Venne così a coagularsi in quei giorni un fronte trasversale antisovietico che univa non soltanto la Francia e l'Inghilterra, ma anche gli Stati Uniti, il Canada, nonché l'Italia di Mussolini e l'Ungheria dell'ammiraglio Miclós Horty, entrambi alleati di Hitler. Cosicché, quasi non fossero più in guerra con la Germania, le cancellerie di Londra e di Parigi sembrava non pensassero che a salvare la Finlandia. Il maggiore americano Kermit Roosevelt, nipote del presidente, che all'inizio del conflitto si era arruolato nell'esercito britannico, fu inviato in Finlandia al comando di una brigata di volontari arruolati in Inghilterra, mentre nei salotti «bene» di Londra le simpatie per il regime nazista cominciavano a gareggiare con le antipatie per il regime comunista. Molti autorevoli personaggi, nonché il fior fiore dell'aristocrazia, gli amici intimi del sovrano e persino l'ambasciatore americano Joseph Patrick Kennedy, padre del futuro presidente, che avevano appoggiato la conciliante politica di *appeasement* del premier Neville Chamberlain si trasformarono in alfieri della nuova crociata anticomunista.

La guerra di Finlandia forniva loro l'ultima chance e compirono ogni tentativo possibile per attrarre Hitler nell'orbita occidentale e convincerlo a dirottare la ricerca del suo *Lebensraum* nei vasti spazi dell'Unione Sovietica. La prospettiva di un ribaltamento delle alleanze era così allettante che molti la davano già per scontata. Tanto è vero che, proprio in quei giorni, il corrispondente dell'agenzia americana «Associated Press», Drew Middleton, ben introdotto nei salotti londinesi, riferiva ai suoi lettori: «In molti ambienti britannici si ritiene che a primavera marceremo tutti insieme contro i russi. Tedeschi compresi».

Oggi naturalmente, dopo che Hitler è diventato per tutti la personificazione del male e dei valori negativi di una società civilizzata, sembrerà strano che qualcuno in Inghilterra abbia cercato di guadagnarsi la sua amicizia, ma negli anni Trenta una siffatta mentalità non provocava scandalo. Sir Oswald Mosley, ricchissimo uomo politico e ammiratore di Mussolini, che nel 1932 aveva fondato la *British Union of Fascists*, dopo l'avvento del nazismo in Germania era diventato amico del ministro della Propaganda tedesca Joseph Goebbels e dello stesso Führer, il quale fu ospite d'onore alle sue nozze celebrate in Germania.

D'altra parte, Hitler non aveva ancora mostrato il suo vero volto, mentre le sue opinioni sull'imperialismo, il colonialismo, il razzismo, il nazionalismo e così via, che ai nostri occhi moderni e inorriditi sembrano appartenere a un altro evo, erano perlopiù condivise anche in Inghilterra. Il Führer era razzista? In maniera più garbata lo erano anche gli inglesi. Il Führer considerava gli anglosassoni una razza superiore quanto quella tedesca? Come potevano dargli torto? Per non dire poi che il Führer, malgrado il suo strumentale patto con Stalin, era certamente un anticomunista convinto e rispettava l'impero britannico; ambiva soltanto a dominare l'Europa e non avrebbe disdegnato di spartirsi il mondo con gli inglesi.

Si trattava, come si è detto, di chiacchiere salottiere che tuttavia influenzavano gli ambienti politici. Forse erano condivise dallo stesso Chamberlain, che non aveva ancora rinunciato a sperare in una conferenza internazionale capace di risolvere pacificamente il conflitto. D'altronde, anche se la storia non si fa né con i «se» né con i «ma», vale forse la pena di chiedersi cosa sarebbe accaduto «se» l'Inghilterra avesse accolto le offerte di pace che Hitler le avanzò in varie occasioni. Questa ipotesi suggestiva si è peraltro riaffacciata in anni più recenti proprio in Inghilterra dove alcuni storici revisionisti non hanno esitato ad attribuire la fine dell'impero britannico alla testardaggine di Churchill che invece respinse sdegnosamente tali proposte. Con il risultato – questo nessuno potrà smentirlo – che la vittoria finale degli Alleati sancì anche la dissoluzione dell'immenso impero di Sua Maestà britannica.

Winston Churchill, che nell'autunno del 1939 era ancora Primo lord dell'ammiragliato, aveva sempre avversato la politica dell'*appeasement* che giudicava infausta e umiliante. Egli, convinto che Hitler stesse preparando la guerra, aveva pungolato inutilmente il governo affinché l'Inghilterra si preparasse ad affrontarla. Anche dopo la Conferenza di Monaco, quando Chamberlain e Daladier avevano concesso a Hitler di impadronirsi della Cecoslovacchia, Churchill era stato l'unico a scagliarsi contro Chamberlain mentre l'intero Parlamento lo stava acclamando per avere salvato la pace. «A Monaco» aveva tuonato il solitario oppositore, «il nostro primo ministro doveva scegliere fra la via della guerra e la via del disonore. Ha scelto quella del disonore, ma avremo ugualmente la guerra!» Le sue parole profetiche erano però cadute nel vuoto.

Come in Gran Bretagna, anche in Francia, sul finire del 1939, l'intera opinione pubblica, salvo i riottosi comunisti di Maurice Thorez messi nel frattempo fuori legge, parteggiava per l'eroica Finlandia. Persino il socialista Léon Blum, il «padre» del Fronte popolare, non esitava a scrivere sul quotidiano del suo partito che bisognava «aiutare la Finlandia senza preoccuparsi delle ripercussioni con Mosca, perché le eventualità del ritorno di uno Stalin pentito all'alleanza con le democrazie sono incerte come un miraggio».

Anche lo stato maggiore francese sembrava preoccuparsi più della guerra di Finlandia che di quella che lambiva la porta di casa. Naturalmente, non si trattava di uno slancio di generosità nei confronti dell'eroico esercito finnico, bensì di un progetto, a dir poco napoleonico, teso a indebolire la Germania colpendola indirettamente attraverso l'Unione Sovietica, che era indiscutibilmente l'anello più fragile dell'alleanza. Sulla carta, questo progetto aveva, come si è già accennato, una sua logica. Poiché la Germania non risentiva del blocco navale impostole dagli Alleati in quanto la Russia la riforniva delle materie prime indispensabili, e poiché l'Armata Rossa si stava rivelando persino incapace di avere la meglio sul minuscolo esercito finnico, muovere guerra alla Russia avrebbe consentito di ottenere un doppio risultato: l'abbattimento dell'impero bolscevico e lo strangolamento economico del Terzo Reich.

Illudendosi di allontanare in tal modo anche la guerra che stagnava davanti alla porta di casa, lo stato maggiore francese, d'accordo con quello britannico, avviò i preparativi per inviare, in pieno inverno polare, due corpi di spedizione franco-britannici, uno nell'area all'epoca finlandese di Petsamo e l'altro a Murmansk, in Russia. Non del tutto soddisfatto, il generale Maurice Gamelin, comandante supremo dell'esercito francese, ordinò anche al generale Maxime Weygand, comandante delle forze francesi in Siria, di elaborare i piani per l'invasione del Caucaso e il bombardamento degli impianti petroliferi di Baku allo scopo «non solo di aiutare la Finlandia, ma di infliggere un colpo mortale all'Unione Sovietica» distruggendo le sue fonti di approvvigionamento dalle quali dipendevano anche le industrie tedesche.

Riesaminando ora, favoriti dal senno di poi, tutte queste elucubrazioni politiche e strategiche, viene fatto di chiederci: che fossero tutti impazziti? Ma poiché certamente pazzi non erano, insorge un altro interrogativo. Davvero si sperava che, muovendo guerra all'Unione Sovietica, Hitler, posto in difficoltà, sarebbe stato costretto a chiedere una tregua e magari a trasformarsi in un deciso alleato degli occidentali?

Purtroppo, a queste fondamentali domande è impossibile rispondere, perché manca la documentazione necessaria. Tuttavia non si può certamente escludere che Hitler, quando nel 1941 attaccò di sorpresa l'Unione Sovietica con l'operazione Barbarossa, non sia stato incoraggiato dalla certezza di non essere intralciato dagli occidentali. A questo proposito si possono soltanto avanzare tre ipotesi che ci obbligano a precorrere i futuri avvenimenti.

Prima ipotesi. Quando Hitler attaccò di sorpresa la Russia il 21 giugno 1941 contava sul fatto che gli occidentali lo avrebbero lasciato libero di abbattere l'impero sovietico. Non gli era forse giunto da più parti l'invito a cercare a est il suo *Lebensraum*?

Seconda ipotesi. Rudolf Hess, il fedelissimo vice-Führer, che dieci giorni prima dell'operazione Barbarossa aveva raggiunto in volo l'Inghilterra (senza essere contrastato dalla contraerea!) per poi lanciarsi con il paracadute, non era il pazzo che, di comune accordo, tedeschi e inglesi vollero far credere. Aveva un compito preciso da assolvere: quello di informare qualcuno che lo sperato ribaltamento delle alleanze stava per verificarsi.

Terza ipotesi. La missione di Hess avrebbe certamente avuto successo se il capo del governo britannico fosse stato ancora l'accomodante Chamberlain, il campione dell'*appeasement*. Invece al suo posto c'era Churchill, il ringhioso Churchill, la cui avversione per il nazismo era addirittura più viscerale del suo proverbiale anticomunismo. Infatti, quando scattò l'operazione Barbarossa, egli non volle ascoltare ragioni (e neppure i segnali segreti che certamente gli giunsero). «Se Hitler attacca l'inferno» dichiarerà ai Comuni «io mi alleo con il diavolo.» E così, il ribaltamento delle alleanze ci fu, ma alla rovescia. Invece che con Hitler, l'Inghilterra si alleò con Stalin, dando vita alla grande coalizione che porterà alla vittoria finale contro la Germania, ma anche al tramonto degli imperi coloniali britannico e francese, nonché al declassamento dell'Europa a vantaggio delle due emergenti potenze extraeuropee: Stati Uniti e Unione Sovietica.

Comunque siano andate le cose, resta il fatto certo che gli occidentali, per nobilitare la nuova alleanza e rassicurare Stalin, nascosero negli armadi gli «scheletri» della *drôle de guerre*. Non furono fatti processi alle intenzioni e si finì quasi con il dimenticare che per un anno e mezzo l'URSS era stata la fedele alleata della Germania. Di converso, fu accreditata la tesi che il comportamento di Stalin era da attribuire al suo carattere sospettoso nei confronti degli occidentali.

In realtà, la diffidenza di Stalin era più che legittima. Degli occidentali non si fidava, sia perché erano i tradizionali avversari del suo regime, sia perché si erano rivelati incapaci di frenare l'espansionismo germanico. Ossessionato, come tutti i russi, dalla minaccia rappresentata dalla pianeggiante Polonia, trampolino di lancio ideale per un attacco alla Russia, Stalin aveva, per la verità, fatto il possibile per riavvicinarsi a essa, ma i colonnelli che comandavano a Varsavia (una casta militare fra le più reazionarie d'Europa) avevano sdegnosamente respinto la mano tesa dall'URSS «per non contaminarsi con il bolscevismo». Il successivo patto Hitler-Stalin era stato la conseguenza di questo orgoglioso rifiuto.

Ma torniamo alla *drôle de guerre* e alla situazione confusa venutasi a creare in quel finire del 1939. Il progetto di una crociata contro l'Unione Sovietica aveva trovato in Europa numerosi sostenitori. Scriverà Charles De Gaulle: «In quei giorni in molti ambienti si vedeva il nemico principale in Stalin piuttosto che in Hitler e ci si preoccupava di trovare i mezzi per colpire la Russia più di quanto si pensasse di venire alle mani con i tedeschi». In questi ambienti si sussurrava anche il nome dell'unico statista che in quel momento sarebbe stato in grado di farsi ascoltare dal Führer: il suo amico Benito Mussolini, l'arbitro della Conferenza di Monaco.

La Finlandia si arrende

Il 21 dicembre 1939, mentre i russi versavano ancora in gravi difficoltà sul fronte finnico, Hitler aveva inviato a Stalin, in occasione del suo sessantesimo compleanno, un caloroso telegramma di auguri «per un felice domani del popolo di una Unione Sovietica amica». Ma, in cuor suo, la clamorosa débâcle dell'Armata Rossa aveva ridimensionato i timori da lui finora provati nei confronti della Russia. Forse fu proprio in quei giorni che nella sua mente diabolica tornò a rifiorire l'idea che la Germania e la Gran Bretagna potessero combattere insieme per sconfiggere l'Unione Sovietica come aveva del resto preannunciato vent'anni prima nel suo *Mein Kampf*, il libro in cui esponeva con sincerità gli scopi che si prefiggeva il movimento nazionalsocialista. Ai suoi collaboratori il Führer affidò infatti il compito di valutare la vera efficienza dell'Armata Rossa e quella che segue è appunto la conclusione dello studio che l'OKW, l'alto comando della Wehrmacht, gli fornì per la sua documentazione personale:

> Dal punto di vista quantitativo: strumento militare gigantesco. Organizzazione, equipaggiamento e strumenti di comando: mediocri. Direttive strategiche: buone. Quadri di comando: troppo giovani e inesperti. Mezzi di comunicazione e di collegamento: pessimi. Sistema di trasporto: pessimo. Truppe: disuguali e prive di iniziativa. Soldati semplici: morale eccellente, si accontentano di poco. Doti di combattimento: dubbie.

Commentando questi risultati con il generale Gerd von Rundstedt, Hitler espresse l'opinione che gli insuccessi sovietici fossero stati provocati dalle «purghe» staliniane che avevano falcidiato gli alti gradi dell'Armata Rossa e dall'incompetenza dei nuovi comandanti la cui insicurezza politica ne annientava lo spirito combattivo. «Al momento opportuno» aveva concluso guardando intenzionalmente negli occhi il suo interlocutore «basterà dare un calcio alla porta e l'edificio sovietico verrà giù da solo.»

Frattanto, gli occidentali continuavano a inviare mezzi e volontari in Finlandia, ma quanto all'intervento militare nessuno osava prendere l'iniziativa. In precedenza erano già stati archiviati i fantasiosi progetti napoleonici che riguardavano Petsamo, Murmansk e il Caucaso, perché francamente irrealizzabili. Era stato invece approntato in Scozia un corpo di spedizione, composto da una divisione britannica e da alcuni battaglioni della Legione straniera e dei Cacciatori delle Alpi francesi, che aveva come obiettivo la più vicina Narvik in Norvegia.

Anche l'attuazione di questo piano, chiamato scherzosamente da Churchill operazione Caterina, in ricordo della famosa zarina di Russia, presentava enormi difficoltà di ordine pratico e anche politico. Per raggiungere da Narvik il territorio finlandese sarebbe stato necessario attraversare per cinquecento chilometri la Lapponia, un percorso difficilissimo, fra i ghiacci, che avrebbe probabilmente stremato il corpo di spedizione abituato a ben altre temperature. E non solo, la realizzazione di «Caterina» richiedeva la violazione di due neutralità, quella norvegese e quella svedese, ossia un'operazione che avrebbe collocato la Francia e l'Inghilterra allo stesso livello della Germania contro la cui politica aggressiva erano entrate in guerra. Una contraddizione di cui non potevano non tenere conto governi democratici tradizionalmente sensibili agli umori dell'opinione pubblica.

Soltanto lo spregiudicato Churchill si era infatti dimostrato insensibile a queste ipocrisie democratiche. Il 12 dicembre aveva redatto un eloquente memorandum, da lui definito, senza peli sulla lingua, «La caccia all'anatra finlandese», in cui stimolava lo sbarco immediato a Narvik, infischiandosene del diritto internazionale, «perché è l'Umanità e non la legalità che dobbiamo considerare nostro giudice». In realtà, Churchill nascondeva sotto lo schermo umanitario un concreto progetto militare che poteva essere realizzato con la «scusa» di portare aiuto alla Finlandia, da lui peraltro giudicata ormai indifendibile. A suo parere, l'occupazione di Narvik avrebbe consentito agli Alleati di bloccare il sottile corridoio di acque norvegesi attraverso il quale sfilavano indisturbati gli U-Boot per guadagnare l'Atlantico e dare la caccia ai mercantili britannici (58 affondamenti nel solo mese di dicembre), ma anche, e soprattutto, a sbarrare quel porto dal quale partivano i rifornimenti di ferro svedese di cui Hitler aveva disperato bisogno. Il cinico realismo di Churchill non convinse però i suoi timorosi interlocutori e lo sbarco a Narvik fu ancora una volta rinviato.

Frattanto, dopo il fallimento della prima offensiva contro la Finlandia, affrontata erroneamente dai sovietici come si trattasse di una semplice passeggiata, alla fine di gennaio del 1940 l'Armata Rossa tornò alla carica con forze moltiplicate e affidate al comando dei due più prestigiosi marescialli dell'Unione Sovietica, Semen Timošenko e Kliment Vorošilov.

Il 1° febbraio l'offensiva si scatenò contro le linee finlandesi nel settore di Summa con massicci bombardamenti e assalti di fanteria appoggiati dai carri e dall'aeronautica. I sovietici rinnovarono i tentativi di penetrazione in profondità con i mezzi corazzati imitando le tattiche della *Blitzkrieg* tedesca, ma i loro sforzi non ebbero successo. L'11 febbraio la VII armata sfondò la linea Mannerheim costringendo i finlandesi a indietreggiare su una seconda linea difensiva. L'intero Occidente tratteneva il fiato: era chiaro a tutti che l'eroico esercito finnico era ormai allo stremo. Il 15 febbraio, dopo che cento batterie avevano martellato per tre ore il terreno, cinque divisioni dell'Armata Rossa partirono all'assalto mentre i contrattacchi finlandesi si facevano sempre più deboli. La lotta impari continuò ancora fino al 26 febbraio quando il capo del governo finlandese, Risto Ryti, stanco di invocare invano l'aiuto concreto degli occidentali, chiese e ottenne una tregua dai russi e poté recarsi personalmente a Mosca per trattare direttamente con Stalin nella speranza di un onorevole armistizio. Le condizioni dettate dai sovietici furono invece durissime. Comprendevano la cessione della città di Viipuri, di tutto l'istmo della riva nord del Ladoga, delle isole del golfo di Finlandia, del porto di Hanko e della penisola dei Pescatori nell'Artico. Deluso, Risto Ryti le respinse e rientrò a Helsinki per invocare per l'ultima volta l'aiuto della Francia e dell'Inghilterra.

Seguirono altre frenetiche trattative. Gli Alleati erano disposti a inviare un corpo di spedizione, a patto però che la Norvegia e la Svezia, rinunciando alla loro neutralità, mettessero a disposizione la prima il porto di Narvik per lo sbarco dell'intero corpo di spedizione e la seconda consentisse il passaggio attraverso la Lapponia per raggiungere la Finlandia. Fu a questo punto che la tradizionale solidarietà scandinava andò definitivamente in frantumi. I governi di Oslo e di Stoccolma, temendo che dopo tali concessioni la Germania sarebbe intervenuta al fianco dell'alleato sovietico e si sarebbero perciò ritrovati con gli Stuka sulla testa e la Wehrmacht in casa, respinsero la richiesta trincerandosi nella loro egoistica neutralità. Caduta così ogni speranza, il 12 marzo Risto Ryti ritornò a Mosca per firmare la resa.

Le trattative armistiziali durarono alcuni giorni e Stalin si mostrò meno intollerante del previsto. Pretese, ovviamente, le basi strategiche più importanti, ma fu comprensivo in molte altre situazioni. Pare infatti che fra il dittatore sovietico e il capo del governo finnico si fosse sviluppata una corrente di simpatia, tanto è vero che Stalin fu visto spesso sorridere per le battute del suo interlocutore che parlava correntemente il russo. A questo proposito, si racconta anche un curioso aneddoto. Durante le trattative per la definizione del nuovo confine, fra le due delegazioni era nato un contrasto sulla sorte della cittadina di Enso che i sovietici volevano incorporare nell'URSS, ma che i finlandesi non volevano cedere. Per risolvere la questione, fu interpellato lo stesso Stalin il quale, dopo aver esaminato la carta geografica e posato la punta del dito indice sulla città contesa, lasciò intendere che era disposto a rinunciare. Soddisfatti, i finlandesi raggiunsero l'accordo, ma quando il cartografo incaricato di tracciare la linea di confine giunse con la matita a lambire l'indice di Stalin ancora posato su Enso, non ebbe l'ardire di spingerlo via e vi girò intorno in modo che la cittadina contesa rimase incorporata nel territorio sovietico. Non sappiamo se l'episodio sia veramente accaduto, resta però il fatto che il confine della Carelia segna una strana curva, simile alla punta di un dito, dentro la quale si trovava la cittadina di Enso ribattezzata nel frattempo con il nome sovietico di Svetogorsk.

La pace di Mosca privò quindi gli Alleati di un eccellente pretesto «umanitario» per sbarcare in Scandinavia. Ma Narvik continuava a rimanere un obiettivo strategico molto ambito. Di conseguenza, anche se era venuta a cadere la scusa ufficiale di portare aiuto alla Finlandia, gli Alleati, sempre più spronati dall'impaziente Churchill, si fecero contagiare dal suo costruttivo cinismo e decisero di non abbandonare i preparativi per lo sbarco. Il solo effetto negativo provocato dalla pace di Mosca fu la scomparsa del carattere di urgenza, ma Francia e Gran Bretagna non modificarono altrimenti i propri piani.

Frattanto, Chamberlain e Daladier, malgrado il fallimento delle speranze che essi avevano incarnato mostrandosi incapaci di difendere i paesi cui avevano garantito la protezione, continuavano a sopravvivere e a presiedere gabinetti composti dai soliti ministri eterogenei e amministrazioni che non avevano abbandonato le consuetudini del tempo di pace. Ma non sopravvissero a lungo. Il precipitare della situazione richiedeva l'intervento di uomini politici dai polsi più saldi.

Il primo a cadere fu Daladier. Il 19 marzo 1940 egli fu messo in minoranza al termine di una riunione segreta dedicata agli avvenimenti di Finlandia. Si trattò tuttavia di una mezza caduta perché gli venne affidato il ministero della Difesa. Al suo posto fu eletto Paul Reynaud, considerato il Churchill francese per la sua determinazione. Ma anche l'investitura di Reynaud risultò alquanto precaria: 268 voti a favore, 156 contrari e 111 astenuti. Il nuovo capo del governo, che doveva affrontare la crisi più grave in cui fosse caduta la Francia, disponeva di un solo voto di maggioranza. Ciò basterà a fornire un'idea dello stato di confusione che imperava all'Eliseo.

IV

INTERMEZZO ITALIANO

Una lettera che poteva cambiare la storia

Nell'Italia nonbelligerante Benito Mussolini seguiva gli avvenimenti europei con atteggiamenti oscillanti. Era stato abbagliato dai fulminei successi ottenuti da Hitler con la *Blitzkrieg* in Polonia, ma in cuor suo ne era anche geloso. Verso il Führer, d'altronde, non aveva mai provato umana simpatia. In principio, quando l'aspirante dittatore nazista l'aveva preso a modello per la sua azione politica, lui lo aveva volutamente ignorato e persino schernito. «Il Fascismo» aveva affermato in un discorso a Taranto «non è merce di esportazione.» Per poi aggiungere ironicamente che «trenta secoli di storia ci consentono di guardare con suprema pietà talune dottrine d'oltralpe, sostenute da progenie di gente che ignorava la scrittura, con la quale tramandare i documenti della propria vita, nel tempo in cui Roma aveva Cesare, Virgilio e Augusto».

L'evoluzione della politica internazionale e l'avversione dimostrata da Francia e Inghilterra ai suoi disegni imperiali avevano poi indotto Mussolini a legarsi a Hitler con il Patto d'acciaio basato sull'Asse Roma-Berlino-Tokyo. Ma in seguito aveva cominciato a provare nei confronti dell'emergente Führer un condensato di ammirazione e di invidia. Hitler invece era stato certamente un ammiratore di Mussolini e ne aveva subito il fascino personale, anche se non si nascondeva le sue debolezze. Il 25 agosto 1939, poche ore dopo la firma del patto con Stalin e pochi giorni prima dell'aggressione alla Polonia, egli aveva spiegato con queste parole ai suoi generali il motivo che l'aveva spinto ad allearsi con il leader sovietico: «Fin dall'autunno del 1938 io avevo capito che il Giappone non era disposto a marciare con noi senza condizioni, e che Mussolini era minacciato dal suo re imbecille e dalla disposizione al tradimento di quel cretino che è il principe ereditario. Io ho deciso per questa ragione di andare con Stalin. Del resto ci sono al mondo soltanto tre uomini di Stato: io, Stalin e Mussolini. Mussolini però è il più debole perché non è stato capace di spezzare il potere della Corona e della Chiesa. Stalin e io siamo dunque i soli che guardiamo al futuro. Per questo io stringerò la mano a Stalin fra qualche settimana sulla futura frontiera russo-tedesca. Poi intraprenderò con lui una nuova distribuzione del mondo».

Queste parole, che Mussolini non ebbe modo di ascoltare, devono essere sottolineate perché costituiscono la prova della sfrontata malafede di Hitler, il quale aveva firmato il Patto d'acciaio appena tre mesi prima. Questo patto, d'altronde, che risulterà fatale per l'Italia, aveva avuto una genesi piuttosto complessa. I suoi preliminari erano stati discussi a Milano dai due ministri degli Esteri Galeazzo Ciano e Joachim von Ribbentrop ed erano stati portati avanti con ponderatezza parlando dell'alleanza in termini ancora possibilistici. Poi c'era stato un colpo di scena; il 7 maggio 1939 Ciano scrisse nel suo diario:

> L'annuncio immediato dell'alleanza è stato deciso sabato sera subito dopo il pranzo al Continental in seguito a una telefonata del Duce. Dopo il colloquio avevo riferito a Mussolini i risultati soddisfacenti per il nostro punto di vista.

Ma quattro anni dopo, il 23 dicembre 1943, quando si trovava in carcere a Verona in attesa del processo che lo avrebbe condannato a morte per il «tradimento» del 25 luglio, Ciano, in atteggiamento ovviamente autodifensivo, descrisse l'episodio in maniera più esauriente. Nell'introduzione del suo diario scrisse infatti:

La decisione di stringere l'alleanza fu presa da Mussolini all'improvviso, mentre io mi trovavo a Milano con Ribbentrop. Alcuni giornali americani avevano stampato che la metropoli lombarda aveva accolto con ostilità il ministro tedesco e che questa era la prova del diminuito prestigio personale di Mussolini. *Inde ira*. Per telefono ricevetti l'ordine, il più perentorio, di aderire alle richieste tedesche di alleanza. Così nacque il Patto d'acciaio. E una decisione che ha avuto influenze tanto sinistre sulla vita e sul domani dell'intero popolo italiano è dovuta, esclusivamente, alla reazione dispettosa di un dittatore.

Dispetto o no, Mussolini ebbe più volte di che pentirsi di questo patto nel quale però erano poste le premesse di quel punto d'onore che tanto influì negli atteggiamenti futuri del Duce. Infatti, durante i primi mesi della nonbelligeranza italiana aveva avuto più di un'occasione per sganciarsi dalla mortale alleanza con la Germania e qualche volta ne era stato pure tentato. A irritarlo erano soprattutto gli sgarbi di Hitler, il quale gradatamente era andato rivelandosi nei suoi confronti sempre più arrogante e sempre più sordo ai suoi suggerimenti. Per esempio, gli rivelava le sue più importanti decisioni soltanto a fatto compiuto o appena poche ore prima di metterle in pratica. Da parte loro, sia Galeazzo Ciano (ormai convinto tedescofobo), sia l'ambasciatore a Berlino Bernardo Attolico, sia lo stesso Italo Balbo gli segnalavano a ogni piè sospinto le «provocazioni» tedesche che potevano giustificare il ribaltone delle alleanze. Ma lui aveva continuato a cullarsi nell'incertezza. Da un lato era frenato dal senso dell'onore che gli imponeva di rispettare i patti («Non intendo ripetere il tradimento del '14!» protestava) e dall'altro era spinto dalla convinzione che Hitler avrebbe comunque vinto la guerra anche senza di lui. Le straordinarie imprese della Wehrmacht in Polonia e la inconcludente reazione anglo-francese avevano contribuito a rafforzare questo suo convincimento. Appariva chiaro, e non soltanto ai suoi occhi, che le due democrazie non avevano voglia di battersi e che aspettavano soltanto un'occasione opportuna per ritirarsi onorevolmente dal conflitto.

Di fronte a questa eventualità, lo spirito guerriero di Mussolini ribolliva e molto gli pesava la sua posizione di non-belligerante che gli avrebbe impedito di partecipare alla spartizione del bottino. Ma era anche perfettamente consapevole della impreparazione militare dell'Italia e, di conseguenza, doveva scegliere fra due opportunità: entrare in quella guerra all'ultimo minuto per mascherare il bluff e poi goderne gli immeritati vantaggi, oppure prestare ascolto a chi gli suggeriva di rilanciare il progetto di una nuova conferenza internazionale di cui sarebbe stato il naturale protagonista. L'idea di tornare a essere il «salvatore della pace», come l'avevano definito dopo la conferenza di Monaco, continuava a lusingarlo.

Nell'altalena dei suoi sentimenti, Mussolini alternava perciò scatti di rabbia contro i tedeschi con altrettanti scatti di rabbia contro gli anglo-francesi. Con questi ultimi, già esisteva il vecchio contenzioso che risaliva alla campagna di Etiopia, quando Gran Bretagna e Francia, ossia i due imperi coloniali più vasti del mondo, avevano imposto, fingendosi scandalizzati, le sanzioni economiche all'Italia che aveva osato andare a conquistarsi un posto al sole del continente africano su cui loro spadroneggiavano da oltre un secolo. La crisi si era poi aggravata dopo l'inizio del conflitto perché, con la scusa del blocco navale imposto alla Germania, inglesi e francesi non solo sequestravano i nostri mercantili provenienti dai porti germanici, ma intralciavano, con misure dispettose, anche le rotte di quelli che provenivano dai porti neutrali.

I tedeschi invece lo innervosivano per i loro comportamenti arroganti. Ma era soprattutto, come si è già osservato, il nuovo atteggiamento assunto da Hitler che tornava sgradito a Mussolini. Il suo antico «imitatore d'oltralpe» aveva infatti, a poco a poco, assunto un modo di fare paternalistico nei confronti dell'alleato italiano e agiva di testa sua senza neppure consultarlo. Questo era il cruccio che lo angustiava. «Quello» si sfogò un giorno con Ciano «deve farsi guidare da me, se non vuole cadere in gaffe imperdonabili. In politica, è fuori discussione che io sono più intelligente di Hitler!»

Forse Mussolini credeva davvero di esserlo e questo può spiegare anche la genesi di una sua lettera al Führer che lo storico britannico Denis Mack Smith ha definito «strana», senza però spiegare il motivo di questo giudizio, probabilmente perché sarebbe stato costretto a estrarre scomodi scheletri dagli armadi dell'Intelligence Service. Infatti questa lettera è molto chiara, anche se Ciano la definisce nel suo diario «un documento pieno di saggezza che però lascerà il tempo che trova perché i consigli di Mussolini sono accolti da Hitler solo quando coincidono esattamente con il suo pensiero».

La lettera in questione porta la data del 3 gennaio 1940, ossia di quando la guerra di Finlandia era nel suo pieno svolgimento e l'Armata Rossa versava in difficoltà. Era anche la prima lettera che Mussolini inviava a Hitler dall'inizio delle ostilità. Cominciava infatti con questo preambolo:

> Führer, dopo lo scambio di lettere che ebbe luogo fra noi ai primi di settembre, sono passati quattro mesi durante i quali l'azione vi assorbiva completamente. Ma oggi, mentre si delinea un periodo d'attesa, reputo necessario farvi, dal mio punto di vista, un esame della situazione.

Dopo un lungo giro d'orizzonte, Mussolini affronta i temi più concreti. Circa gli aiuti inviati alla Finlandia di cui Hitler si era lamentato, scrive:

> L'Italia fascista è favorevole a questa piccola valorosa nazione che si batte per la propria indipendenza. Si è parlato di ingenti aiuti dati dall'Italia. Esagerato. Si è trattato di 26 aerei da caccia radiati prima della guerra e nient'altro. ... Tuttavia è vero che migliaia di volontari si sono presentati individualmente alla Legazione finnica di Roma. Comunque, l'arruolamento non sarà permesso.

Dopo questa mezza verità, affronta la situazione della Polonia occupata. Egli era al corrente, come testimonia Ciano, «delle atrocità senza nome e senza ragione che i tedeschi vi stanno compiendo. Lo stesso Duce ne è indignato e mi ha consigliato di far pervenire per vie traverse tali notizie ai giornali francesi e americani, affinché il mondo sappia...». Ma nella sua lettera al Führer sorvola prudentemente questo argomento preferendo lamentare, perché suocera intenda, soltanto «il barbaro trattamento fatto dai russi alle popolazioni anticomuniste polacche». Per poi aggiungere:

> Un popolo che è stato ignominiosamente tradito dalla sua classe dirigente, ma che – come voi stesso avete riconosciuto nel vostro discorso di Danzica – si è battuto con coraggio, merita il trattamento dei vinti, ma non quello degli schiavi. La creazione di una modesta Polonia – liberata dagli ebrei per i quali io apprezzo previamente il vostro progetto di raccoglierli tutti in un grande ghetto a Lublino – non può più costituire un pericolo per il grande Reich. Ma questo fatto sarebbe importante per voi negli sviluppi della guerra che a molti dell'Occidente ora appare senza senso...

Quindi prosegue, entrando nel vivo della questione che più gli interessa:

> Sono infatti convinto che la Gran Bretagna non riuscirà mai a passare il mare, ma dubito che voi riuscirete a mettere in ginocchio l'impero inglese. Gli Stati Uniti non lo permetterebbero.

A questo punto, affronta il tema scabroso del patto tra Hitler e Stalin che lui non ha mai digerito. È l'argomento più importante della sua lettera, non solo per i segnali nascosti e le insinuazioni in essa contenuti, ma anche perché è la prima volta che egli espone con franchezza all'alleato il proprio pensiero sul sorprendente accordo russo-tedesco dell'agosto precedente, siglato peraltro a sua insaputa.

> Nessuno più di me, che ho quarant'anni di esperienza politica, sa che la politica ha le sue esigenze tattiche. Io stesso ho riconosciuto i Soviet per primo nel 1924 e poi, nel 1934, ho stipulato con essi un trattato di amicizia e di commercio. Perciò io comprendo che, fallite le pressioni di von Ribbentrop onde evitare l'intervento dei franco-inglesi per la Polonia, voi abbiate scelto il nuovo fronte unendovi all'Unione Sovietica. Ma io che sono rivoluzionario e che morirò tale, io vi dico che non potete permanentemente sacrificare i principi della vostra rivoluzione alle esigenze tattiche di un determinato momento. Vi dico ancora che un ulteriore passo nel vostro rapporto con Mosca avrebbe ripercussioni catastrofiche in Italia dove il sentimento antibolscevico è assoluto. Lasciatemi credere che questo non avverrà, perché la soluzione del vostro *Lebensraum* è in Russia, non altrove. La Russia che ha 21 milioni di kmq di superficie e 9 abitanti per Kmq. La Russia che è estranea all'Europa. Il compito della Germania è questo: difendere l'Europa

dall'Asia. Sino a quattro mesi fa, la Russia era il nemico mondiale numero uno, non può essere diventata l'amico numero uno! Solo dopo il giorno che avremo demolito il bolscevismo potrà essere la volta delle grandi democrazie. Le quali non potranno sopravvivere a lungo alla loro crisi demografica, politica e morale...

Hitler non rispose mai a questa lettera e neppure ne accennò mai nei successivi incontri con Mussolini il quale, in seguito al precipitare degli avvenimenti, ritenne forse opportuno non tornare sull'argomento. Ma rileggendola ora, e collocandola nel giusto contesto storico della *drôle de guerre* e della lunga e inspiegabile attesa che si stava registrando in quei giorni sul fronte occidentale, non si può nascondere il sospetto che Mussolini coltivasse un disegno politico che, stranamente, coincideva con gli stessi progetti segreti che andavano coltivando le cancellerie occidentali. Ossia il ribaltone delle alleanze per poi correre tutti insieme contro l'Unione Sovietica, tedeschi e italiani compresi.

È dunque fuorviante liquidarla semplicemente come una lettera «strana». Naturalmente, a sostenere ora che dietro questo tentativo mussoliniano di dirottare verso la Russia le ambizioni del Führer si nascondesse lo zampino di Churchill, o di altri estimatori del Duce desiderosi di utilizzarlo per ammansire Hitler e di condurlo a più miti consigli, si cadrebbe nel romanzesco. Non esistono infatti le prove necessarie per affermarlo. Resta però un fatto significativo. Il 27 aprile del 1945, quando Mussolini in fuga venne catturato a Dongo dai partigiani per essere poi fucilato il giorno dopo, gli fu anche sequestrata quella famosa borsa di cui si è tanto favoleggiato. Ebbene, come è facile intuire, da questa borsa mani ignote hanno certamente prelevato e fatto scomparire molti preziosi documenti, compreso, si dice, il famoso carteggio Churchill-Mussolini. Ma ciò che è certo è che, fra le poche scartoffie senza valore ancora contenute nella famosa borsa rinvenuta molti anni or sono in uno scaffale polveroso dell'Archivio di Stato di Roma dal dottor Gaetano Contini e da chi scrive, c'era la minuta autografa di questa «strana» lettera, evidentemente sfuggita all'attenzione degli zelanti sequestratori.

A questo punto insorgono molti stimolanti interrogativi. Perché Mussolini la collocò nella sua borsa insieme agli altri documenti che evidentemente si illudeva di poter esibire in sua difesa sperando di comparire davanti a un tribunale di giustizia e non di fronte a un rozzo plotone d'esecuzione? Intendeva forse mostrarla a chi gliel'aveva suggerita come prova delle sue buone intenzioni? Chissà.

L'incontro del Brennero

Il 18 marzo 1940 Mussolini e Hitler si incontrarono al Brennero. Era la prima volta che i due dittatori si rivedevano dall'inizio della guerra. La campagna di Finlandia si era conclusa con la vittoria dei sovietici e la calma apparente del fronte occidentale era tornata di stretta attualità Quale sarebbe stata la prima mossa di Hitler?

Nevicava fitto quel giorno, quando i due treni speciali si affiancarono nella piccola stazione di frontiera bloccando per alcune ore il traffico ferroviario. Hitler raggiunse il suo ospite sul vagone del treno italiano predisposto per l'occasione e Mussolini, racconta Ciano che assistette al colloquio, lo accolse con un senso di «ansioso piacere». Per poi aggiungere questa osservazione: «Sempre di più egli subisce il fascino del Führer. I suoi successi militari – i soli che Mussolini veramente apprezza e desidera – ne sono la causa».

Il Duce sembrava infatti del tutto dimentico della sua ultima lettera. Infatti non ne fece accenno e così anche Hitler, che non l'aveva certamente gradita. Anzi, come riferisce il suo interprete Paul Schmidt, dopo averla letta, l'aveva accartocciata con rabbia e gettata nel cestino.

Era stato appunto per togliere ogni illusione all'alleato italiano che Hitler aveva chiesto di incontrarlo al Brennero. Egli portava infatti con sé un voluminoso dossier il cui pezzo forte era costituito da una carta geografica in cui erano indicate le posizioni di 207 divisioni già pronte o in via di approntamento che bastavano da sole a dare l'idea della smisurata potenza bellica tedesca. Poi aveva iniziato un lungo monologo, che Mussolini dovette pazientemente ascoltare, nel corso del quale sviluppò un dettagliato racconto della campagna di Polonia illustrando le nuove concezioni strategiche tedesche ed enumerando tutte le ragioni di superiorità morale e materiale che avrebbero assicurato al Terzo Reich una rapida vittoria sulle infrollite potenze occidentali. Gli confidò infatti che la sua prossima mossa sarebbe stata l'offensiva contro la Francia e che essa avrebbe avuto inizio quanto prima. Non precisò la data, ma non potevano esserci dubbi sulla irrevocabilità di questo progetto e sulla risolutezza con cui sarebbe stato realizzato. Hitler non gli fece invece alcun accenno al progetto di invasione della Danimarca e della Norvegia che sarebbe scattata da lì a pochi giorni.

Mussolini, secondo quanto scrive lo storico Renzo De Felice, non si sarebbe lasciato del tutto convincere dall'ottimismo del suo interlocutore. Era ancora certo che la Francia non potesse essere facilmente liquidata, sia perché la Linea Maginot era inespugnabile, sia perché nei suoi ricordi, ancorati alla prima guerra mondiale, l'esercito francese rimaneva sempre «quello della Marna» che aveva respinto e sconfitto i tedeschi. Tuttavia, la sicurezza di Hitler sulla vittoria finale e il tono lucido e pacato delle sue riflessioni, così diverso da quello isterico per lui abituale, dovettero colpire il Duce profondamente, inducendolo a fargli pensare che il Führer, sia pure ingannandosi sulla rapidità dell'operazione, potesse comunque avere ragione. In tal caso, cosa sarebbe accaduto se avesse vinto la guerra senza l'aiuto dell'alleato italiano? In un'Europa egemonizzata dalla Germania, la posizione dell'Italia sarebbe passata in second'ordine e i tedeschi non avrebbero certamente esitato a farle pagare il suo «tradimento».

L'ardore bellicoso del Führer finì dunque per contagiare Mussolini il quale, almeno a parole, ribadì il suo impegno di marciare al fianco della Germania. «L'Italia» gli disse «non è ancora in grado di sostenere una lunga guerra, ma io credo, come voi credete, che la sorte della Francia è segnata. Ho preso perciò le mie decisioni...»

Da parte sua, Hitler, pur sottolineando che non aveva chiesto quell'incontro per sollecitare l'aiuto immediato dell'Italia, confermò a Mussolini la sua convinzione che la guerra si sarebbe decisa in Francia e gli espose poi con enfasi la sua visione del mondo dopo la vittoria delle potenze dell'Asse: liquidata la Francia, l'Italia sarebbe diventata la padrona del Mediterraneo e l'Inghilterra, isolata dal resto dell'Europa, sarebbe stata costretta a chiedere la pace. L'attacco contro la Francia era quindi molto importante anche per l'Italia.

Affascinato da questa prospettiva, Mussolini si lasciò vincere dalla sicurezza di Hitler. Convinto che l'offensiva non sarebbe scattata prima di cinque o sei mesi, gli espose il progetto che aveva messo a punto con il suo stato maggiore. L'esercito italiano avrebbe attaccato la Francia sul fronte delle Alpi quando la Wehrmacht si sarebbe scatenata contro la Linea Maginot. Ma Hitler, che come vedremo aveva in mente ben altri piani per annullare la minaccia della potente fortificazione francese, sorvolò sull'argomento e preferì comunicargli le sue osservazioni sul progetto dello stato maggiore italiano. Dopo avergli ricordato la massima di Carl von Clausewitz – il famoso teorico militare prussiano che sconsigliava una simile impresa («Attaccare la Francia dalle Alpi è come pretendere di sollevare un fucile afferrandolo per la punta della baionetta») – gli rivelò che il suo stato maggiore aveva già studiato come eventualmente impiegare l'esercito italiano nell'offensiva contro la Francia. I generali tedeschi avevano semplicemente rispolverato un vecchio progetto offensivo contro la Francia, pianificato dagli stati maggiori alleati quando l'Italia faceva ancora parte delle «Triplice» con l'Austria e la Germania. Questo piano escludeva infatti un fronte alpino, prevedendo invece il trasferimento di un'armata italiana nella Germania meridionale affinché marciasse attraverso il «Varco dei burgundi» (così lo definì enfaticamente Hitler), ossia lungo la valle del Rodano, parallelamente al confine svizzero settentrionale, allo scopo di aggirare le Alpi per attaccare i francesi alle spalle. Si trattava, in effetti, di un prezioso consiglio strategico di cui l'orgoglioso stato maggiore italiano, ritenendo umiliante trasferirsi a combattere in territorio straniero, non vorrà tenere conto quando l'Italia dichiarerà guerra alla Francia. Con il risultato che la nostra offensiva, scatenata ottusamente sulle Alpi, concederà all'ormai esausto esercito francese la soddisfazione di umiliare le forze italiane inchiodandole sul terreno, mentre i tedeschi entreranno trionfalmente a Parigi.

In quell'occasione, comunque, Mussolini si lasciò affascinare dall'idea di attraversare con le sue truppe il «Varco dei burgundi» in una spettacolare operazione combinata con la Wehrmacht e promise a Hitler di inviare venti divisioni al momento opportuno. Si riservò tuttavia, prudentemente, di scegliere lui stesso quel momento. Un «momento» che Ciano, nel suo diario, definirà con ironia «l'albero di Bertoldo» nel ricordo della favola dell'astuto villano che doveva sceglier l'albero a cui essere impiccato. E concludeva con queste parole la sua annotazione: «Per quanto ci riguarda, l'incontro del Brennero non ha sostanzialmente alterato la nostra posizione». Non la pensava così invece Adolf Hitler il quale, secondo quanto riferisce il generale Alfred Jodl, «tornò dal Brennero al settimo cielo. Ormai sicuro che l'Italia fascista lo avrebbe seguito nella grande avventura».

V

L'ASSALTO AL GRANDE NORD

Hitler contro Danimarca e Norvegia

All'inizio della primavera del 1940, la resa dell'eroica Finlandia di fronte allo strapotere dell'Armata Rossa non aveva distolto l'attenzione dell'opinione pubblica mondiale dal Nord Europa. Spentosi l'incendio fra i ghiacci della Finlandia, la guerra divampò pochi giorni dopo, ma con attori diversi, in Danimarca e in Norvegia. Questa volta furono di nuovo i tedeschi a cogliere il mondo di sorpresa attaccando con uno strepitoso blitz questi due paesi neutrali. L'episodio venne interpretato dall'opinione pubblica mondiale come un altro banditesco colpo di mano di Hitler, così come era accaduto con l'Austria, la Cecoslovacchia e la Polonia. Tale versione è stata confermata dalla storia ufficiale.

In realtà, la fulminea azione militare germanica contro la Danimarca e la Norvegia ha avuto motivazioni del tutto diverse. Non si trattò di una proditoria aggressione, bensì di un'operazione preventiva allo scopo di impedire che gli Alleati strangolassero l'industria tedesca privandola dei preziosi rifornimenti di minerali che le giungevano dalla Scandinavia. Come sappiamo, i comandi militari anglo-francesi avevano messo a punto un piano per blindare ermeticamente il blocco navale imposto alla Germania tagliandole anche le ultime linee di comunicazione che ancora la collegavano alla Scandinavia attraverso le acque neutrali della Danimarca e della Norvegia. Scopo principale dell'impresa era appunto quello di interrompere il flusso dei rifornimenti di ferro che contribuivano per circa il 70 per cento alle necessità metallurgiche della Germania (11 milioni di tonnellate annue di minerali di ferro su un fabbisogno totale di 15 milioni)

Si trattava infatti della riesumazione dell'operazione Caterina, progettata nel tardo autunno del 1939 con lo scopo di portare aiuto alla Finlandia, quando gli Alleati ancora si illudevano di poter ribaltare le alleanze «per correre tutti insieme contro la Russia». Gli eventi successivi avevano indotto gli Alleati a rallentare i preparativi, ma non a fermarli. Churchill, che pur essendo ancora soltanto il ministro della Marina era certamente il più lucido e lungimirante membro del gabinetto di Chamberlain, aveva insistito per la realizzazione del progetto che giudicava indispensabile per bloccare i rifornimenti di ferro alla Germania. Cosicché, i comandi alleati si erano alfine decisi a violare la neutralità norvegese ignorando i principi del diritto internazionale. L'operazione aveva soltanto cambiato nome: «Wilfred» invece di «Caterina», ma per il resto era rimasta immutata

Gli Alleati avevano basato il successo della spedizione in Scandinavia sulla indiscussa superiorità navale britannica. Erano certi che la Home Fleet sarebbe stata in grado di bloccare qualunque tentativo di interdizione compiuto dai tedeschi. Ancorati ai vecchi schemi della prima guerra mondiale, essi non avevano messo nel conto l'importanza dell'aeronautica in un conflitto moderno e, soprattutto, avevano continuato a sottovalutare l'abilità tattica e strategica dei loro avversari, così come l'intelligenza di Hitler, che possedeva in grado eminente alcune doti che a essi mancavano: il coraggio intellettuale, la rapidità di riflessi, nonché una forte inclinazione all'azzardo che lo spingeva a impostare ogni operazione sulla sorpresa tattica e strategica proprio come un abile giocatore di poker che cambia continuamente i suoi schemi.

La scelta di aprire un nuovo fronte lontano dal centro dell'Europa aveva anche una spiegazione psicologica. A indurre i comandanti alleati a evitare lo scontro diretto sul fronte franco-germanico contribuiva soprattutto il ricordo dell'immane carneficina della prima guerra mondiale. Quel bagno di sangue aveva lasciato tracce indelebili nell'animo di chi vi aveva assistito. Chamberlain, Churchill, Daladier e Gamelin erano fra questi, come lo erano i loro generali che ora dovevano guidare le truppe in questa nuova guerra, che immaginavano non diversa dalla precedente. Il ricordo dei sanguinosi combattimenti nel fango delle trincee, fra reticolati e cavalli di Frisia, assalti alla baionetta e stragi di fanti sotto il tiro incrociato delle mitragliatrici, pesava su di loro come un incubo. Di conseguenza, erano restii a invischiarsi in operazioni terrestri che richiedessero di nuovo un tale spaventoso pedaggio. Come alternativa avevano perciò sviluppato il nuovo concetto di «guerra economica», pensando di riuscire a piegare Hitler recidendogli i rifornimenti vitali di ferro e di petrolio.

Sfumato il fantasioso progetto francese di occupare il Caucaso (Stalin continuava a rifornire l'«amico» Hitler con l'ottimo greggio di Baku), molto più realizzabile era apparso il progetto di tagliare alla Germania almeno i rifornimenti che le giungevano dalla Scandinavia. Ciò comportava peraltro un'azione assai meno pericolosa in quanto sarebbe stata diretta contro due paesi inermi e neutrali.

«Wilfred» prevedeva il forzamento del Baltico con le grandi navi da battaglia britanniche e quindi lo sbarco di una forza di occupazione a Narvik, principale porto d'imbarco dei materiali ferrosi provenienti dalle miniere della Lapponia. Il successo della «facile» operazione avrebbe garantito agli Alleati due importanti risultati: oltre all'interruzione delle «rotte del ferro», anche lo sbarramento dell'accesso dal Mare del Nord all'Atlantico ai sommergibili tedeschi che ora lo raggiungevano comodamente attraverso il «corridoio» delle acque neutrali norvegesi e danesi.

Nel dopoguerra saranno compiuti molti sforzi per dimostrare che «Wilfred» fu predisposto semplicemente come contromossa allo sbarco tedesco già avvenuto in Norvegia, ma non è vero. In realtà, i tedeschi furono soltanto più rapidi. Gli inglesi avevano infatti già violato la neutralità norvegese disseminando mine magnetiche nel «corridoio» e ora erano pronti per sbarcare a Narvik. Avevano fissato anche la data: l'8 aprile 1940. L'ammiragliato britannico commise soltanto l'errore di farsi battere sul tempo. D'altronde, veniva esclusa l'eventualità che una forza da sbarco tedesca potesse spingersi fino a Narvik, il cui accesso era sbarrato dalle grandi unità della Royal Navy.

Hitler, che durante tutto l'inverno aveva seguito con ansia l'evolversi della situazione nel Nord, non aveva faticato a comprendere che gli inglesi avrebbero potuto tentare di tagliare i suoi rifornimenti di ferro, ma si sentiva garantito dalla neutralità norvegese. Non aveva neppure dato grande peso alle preoccupazioni espresse dalla Kriegsmarine interessata a mantenere aperto il «corridoio». Fino ai primi di febbraio del 1940 egli aveva respinto tutte le proposte di intervento militare in quel settore concludendo ogni volta con l'affermazione che «la soluzione più sicura resta la neutralità della Norvegia». Era convinto che finché la Norvegia fosse rimasta fuori dal conflitto, le «rotte del ferro» non sarebbero state interrotte e gli U-Boot avrebbero potuto continuare a raggiungere tranquillamente l'Atlantico. In quei giorni i suoi pensieri erano assorbiti dai preparativi per l'offensiva contro la Francia.

La spinta che fece mutare parere a Hitler fu provocata da un fatto accidentale, un episodio che lo mandò su tutte le furie e lo indusse a dubitare della neutralità norvegese. Causa di tutto ciò fu il ritorno sulla scena dell'*Altmark*, la nave appoggio della *Graf Spee*.

La cattura dell'Altmark

Dopo l'autoaffondamento della corazzata *Admiral Graf Spee* a Montevideo, l'*Altmark* aveva approfittato della situazione per allontanarsi indisturbata da quella zona diventata troppo pericolosa. Il capitano Dau aveva condotto la sua nave nell'estremo Sud dell'Atlantico sicuro di non incontrarvi navi nemiche e vi era rimasto nascosto fino al 22 gennaio 1940. Quel giorno, l'*Altmark* si mise sulla rotta di ritorno e il 31 gennaio attraversava l'Equatore. Ora che era finito il suo compito di rifornire la corazzata corsara, l'obiettivo di Dau era di portare sana e salva la sua «mucca da latte» in Germania con il carico di prigionieri.

Cambiando spesso nome e bandiera per sfuggire alla vigilanza britannica, il 14 febbraio l'*Altmark*, dopo avere proseguito lungo la rotta di sicurezza a nord delle isole britanniche, riuscì finalmente a inoltrarsi nelle acque tranquille del «corridoio» neutrale norvegese. Durante la navigazione fu fermata due volte dai guardacoste, ma Dau riuscì a evitare i controlli garantendo sulla parola di non trasportare materiale bellico. Tuttavia, il comando navale norvegese non era rimasto soddisfatto del risultato di quelle sommarie ispezioni. Avevano scoperto che la nave era stata la rifornitrice della *Graf Spee* e il sospetto che avesse a bordo dei prigionieri britannici era più che legittimo. Così, il 14 febbraio, la nave tedesca fu nuovamente fermata dalla torpediniera *Kjell* e un ufficiale salì a bordo con l'intenzione di eseguire un controllo più approfondito, ma Dau si oppose vantando i suoi diritti e i norvegesi furono costretti a rinunciare. La *Kjell* si limitò a seguire a distanza l'*Altmark* per impedire eventuali atti che potessero violare la neutralità di quelle acque.

I servizi segreti britannici non erano rimasti nel frattempo inoperosi e la ricerca della nave appoggio tedesca era proseguita senza soste su tutti i mari. La liberazione dei prigionieri stava molto a cuore agli inglesi. Finalmente, il 14 febbraio, l'ammiragliato britannico ricevette la segnalazione che la nave cui davano da tempo la caccia si trovava al largo di Bergen, ossia nelle acque neutrali norvegesi. La fonte di questa informazione è rimasta ignota: probabilmente giungeva dalla Norvegia. Immediatamente, un gruppo di cacciatorpediniere fu dirottato verso la zona indicata. Secondo gli ordini ricevuti, le unità dovevano agire con la massima cautela poiché l'operazione si sarebbe svolta in acque neutrali, ma soprattutto dovevano evitare l'impiego delle artiglierie per non colpire anche i prigionieri che si trovavano a bordo della nave nemica.

Il giorno seguente, un ricognitore inglese avvistò la preda in navigazione e i cacciatorpediniere partirono all'attacco, ma subito dopo furono intercettati dalle torpediniere *Kjell* e *Skarv* che impedirono loro di raggiungere l'*Altmark*. La contesa raggiunse anche toni aspri: per poco, inglesi e norvegesi non vennero alle mani. Cosa accadde in quel frangente è poco chiaro. Ufficialmente, prima con blandizie e poi con la minaccia dei cannoni puntati, i norvegesi sarebbero stati indotti ad allontanarsi, dopo essere stati convinti che, di fronte a forze superiori, la loro ritirata non era disonorevole. Il fatto è che solo il cacciatorpediniere *Cossack* comandato dal capitano di vascello Philip Vian, superò il blocco e si lanciò all'inseguimento dell'*Altmark*. Vian aveva ricevuto l'ordine di liberare i prigionieri a tutti i costi.

L'*Altmark* si era intanto rifugiato nel fiordo di Josing e anche il *Cossack* penetrò in quella stretta insenatura. Senza fare uso delle armi, le due navi cercarono a vicenda di speronarsi, ma Vian evitò il pericolo e manovrò in modo tale che la nave tedesca andò a incagliarsi di poppa sulla sponda. Gli inglesi ne approfittarono per affiancarla e poi balzarono all'arrembaggio come gli antichi pirati. Nello scontro, sei tedeschi furono uccisi, molti altri feriti. Il ringhioso capitano Dau, malgrado l'età, si batté come un leone, ma fu infine costretto alla resa e i prigionieri furono liberati. Erano in tutto 13 ufficiali e 286 marinai che, ebbri di gioia, salutarono i liberatori con grande e comprensibile entusiasmo. Tutto questo era accaduto sotto gli occhi di due guardacoste norvegesi, i quali non solo non avevano impedito l'intrusione del *Cossack* nel fiordo di Josing, ma avevano anche collaborato per trasferire a terra i prigionieri inglesi, che saranno rifocillati a rimpatriati. Il vecchio capitano Dau, che aveva visto crollare il sogno di un trionfale ritorno in Germania, riuscì comunque a disincagliare la sua nave e a rimpatriare sfuggendo alla caccia degli avversari.

L'abbordaggio dell'*Altmark* ebbe risonanza mondiale tanto era fresco il ricordo dell'epopea della *Graf Spee* e tanto era stato suggestivo quell'abbordaggio piratesco. Però mandò Hitler su tutte le furie. A nulla servirono le vibrate proteste di Oslo nei confronti di Londra per la violazione delle acque neutrali e neppure le scuse ufficiali che i norvegesi gli fecero pervenire. Indispettito per la beffa subita e sempre più dubbioso della neutralità norvegese, aveva immediatamente deciso di risolvere il problema con la forza. «Mi sono sempre più convinto che gli inglesi hanno intenzione di sbarcare in Norvegia» annunciò ai suoi generali. «Io intendo precederli.»

Nei giorni che seguirono, mentre gli Alleati stavano effettivamente ultimando i preparativi per lo sbarco a Narvik, i tedeschi misero rapidamente a punto, con i ritmi della *Blitzkrieg*, un'operazione di sbarco aeronavale in Norvegia, denominandola «Weserübung». Ne fissarono anche la data: l'alba del 9 aprile. «Wilfred» e «Weserübung» erano così destinate a scontrarsi in mare, in cielo e in terra sul filo delle ore, se non dei minuti.

Blitzkrieg in Scandinavia

Il 21 febbraio Hitler aveva convocato il feldmaresciallo Wilhelm Keitel, capo dell'OKW, e il generale Alfred Jodl, capo di stato maggiore della Wehrmacht, per diramare le prime segretissime direttive dell'operazione Weserübung, che furono così riassunte.

- L'operazione avrebbe dovuto impedire l'occupazione della Scandinavia e delle rotte sul Baltico da parte degli inglesi.
- Le forze da impiegare avrebbero dovuto essere ridotte al minimo. La scarsità del numero sarebbe stata compensata dall'audacia dell'operazione e dall'effetto sorpresa.
- In via di principio si sarebbe dovuto fare il possibile affinché sembrasse un'occupazione pacifica avente per fine la protezione della neutralità degli Stati scandinavi.

Reinhard Heydrich, stretto collaboratore del comandante delle SS Heinrich Himmler, e Alfred Helmut Naujocks, ufficiale delle SS (a sinistra). Furono rispettivamente l'organizzatore e l'esecutore del finto attacco polacco che nel 1939 provocò lo scoppio della seconda guerra mondiale.

23 agosto 1939: Vjačeslav Molotov firma il patto di amicizia con la Germania. Alle sue spalle, il firmatario tedesco Joachim von Ribbentrop accanto a Stalin.

Una formazione di Stuka, la grande novità della *Blitzkrieg*, che fu messa in atto per la prima volta durante l'invasione tedesca della Polonia.

Adolf Hitler fa ingresso a Danzica il 19 settembre 1939, dopo la conquista tedesca della città.

Un elemento del sistema difensivo della Linea Sigfrido. Sullo sfondo, sbarramenti anticarro in cemento armato.

Un forte della Linea Maginot, considerata inespugnabile fino all'offensiva tedesca contro la Francia e, qui accanto, una delle sue gallerie sotterranee.

Il comandante della flotta sommergibile tedesca Karl Dönitz (a sinistra) stringe la mano a Günther Prien, comandante dell'U-47 che nell'ottobre 1939 forzò la baia di Scapa Flow affondando la corazzata inglese *Royal Oak*. Sotto, un'immagine del sommergibile con l'equipaggio.

La spettacolare esplosione della corazzata tedesca *Admiral Graf Spee* voluta dal suo stesso comandante Hans Langsdorff per non cadere in mano britannica. Ebbe luogo nel porto di Montevideo nel dicembre 1939.

Novembre 1939: l'Unione Sovietica invade la Finlandia. A sinistra, il presidente della Repubblica finlandese Kyosti Kallio e il maresciallo Carl Gustaf Mannerheim dopo aver visitato i soldati feriti in un ospedale militare; sopra, il presidente del Consiglio finlandese Risto Ryti a colloquio con i suoi aiutanti di campo; sotto, una località della Finlandia in fiamme in seguito a un attacco aereo sovietico nel gennaio 1940.

Aprile 1940: la Germania si espande nel Nordeuropa. Sopra, le forze d'occupazione tedesche sbarcano nel porto norvegese di Narvik; nelle foto accanto, da sinistra, Haakon VII, re di Norvegia, e Vidkun Quisling, capo del governo fantoccio instaurato dai nazisti; sotto, il sovrano danese Cristiano X, e soldati della Wehrmacht mentre stilano rapporti da una località della Danimarca.

Hitler e Mussolini
si congedano
dopo il loro colloquio
al Brennero
il 18 marzo 1940.

I ministri degli Esteri
tedesco e italiano
Joachim von Ribbentrop
e Galeazzo Ciano si incontrarono
in Italia nel marzo 1940.
Qui sono fotografati a Roma
davanti a Villa Madama.

Hitler con l'ambasciatore
italiano a Berlino
Bernardo Attolico (al centro)
e il primo consigliere
d'ambasciata
Massimo Magistrati.
Attolico collaborò con Ciano,
nel tentativo di giungere
a una rottura del patto
d'acciaio con la Germania
ed evitare così l'intervento
in guerra dell'Italia.

Il Führer decora i militari che hanno partecipato alla conquista del forte di Eben-Emael in Belgio nel maggio 1940. Il primo a sinistra della fila è Walter Koch, comandante del contingente che eseguì l'impresa, il secondo Rudolf Witzig, alla guida del gruppo operativo «Granito» che sferrò l'attacco all'imponente fortificazione.

Maggio 1940: offensiva tedesca sul fronte settentrionale della Francia. Nella foto accanto, il capo di stato maggiore dell'esercito francese Maurice Gamelin e il comandante del Corpo di spedizione britannico John Gort (terzo e quarto da sinistra) insieme a Winston Churchill e al generale William Ironside, capo di stato maggiore britannico. Sotto, carri armati delle colonne comandate dai generali Heinz Guderian ed Erwin Rommel si apprestano a traghettare la Mosa tra Givet e Sedan.

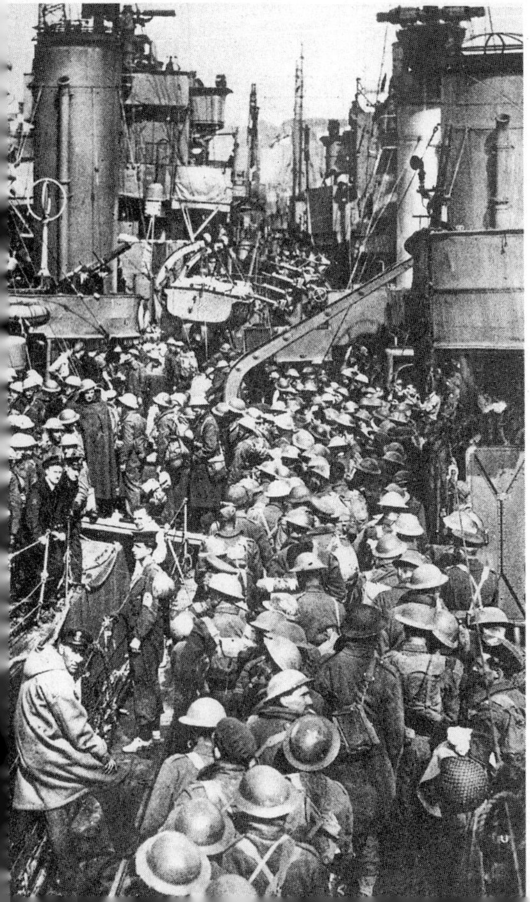

La costa di Dunkerque
bombardata dall'aviazione tedesca
nel giugno 1940, e due immagini
delle truppe del Corpo di spedizione
britannico che si mettono in salvo
su mercantili provenienti dall'Inghilterra
e sull'ala di un aereo tedesco
semiaffondato.

- Il passaggio della frontiera danese e gli sbarchi in Norvegia avrebbero dovuto essere simultanei.
- Era importantissimo agire di sorpresa.

Per quanto riguarda la Norvegia, Hitler aveva già in serbo anche la soluzione politica. Avrebbe affidato la guida del governo a Vidkun Quisling, l'ex ministro norvegese della Difesa, il quale aveva fondato un microscopico partito nazista che alle ultime elezioni aveva ottenuto l'1 per cento. Qualche tempo prima, Quisling si era recato segretamente a Berlino per sottoporre a Hitler un piano destinato a mettere il suo paese nelle mani del Terzo Reich. Se la Germania gli avesse fornito il suo aiuto, Quisling sarebbe stato in grado di arrestare il re e di impadronirsi del paese. Dopo di che avrebbe chiesto l'intervento armato della Germania. Si trattava insomma di un traditore disposto comunque ad assecondare i progetti del Führer.

Frattanto, il comando dell'operazione Weserübung era stato affidato al generale Nikolaus von Falkenhorst, uno slesiano che aveva partecipato allo sbarco in Finlandia durante la prima guerra mondiale. Polacco d'origine, ma fervente nazista, questo generale aveva tradotto l'antico nome del suo casato polacco, Jastrzembski, in quello tipicamente tedesco di Falkenhorst, «nido di falco». Sotto il suo comando, il 2 aprile tutto era pronto per la spedizione e alcune navi tedesche cariche di rifornimenti avevano già raggiunto le loro posizioni inalberando la Union Jack, la bandiera britannica, per confondere gli avvistatori. Negli aeroporti del Baltico migliaia di soldati erano pronti a entrare in azione.

Per contro, i comandi franco-britannici attendevano invece agli ultimi preparativi di «Wilfred», per così dire, con la calma dei forti. Erano sicuri del successo dell'operazione, ignoravano il pericolo incombente e sfoggiavano persino una presunzione di cui si sarebbero amaramente pentiti. Il 5 aprile, per esempio, il capo di stato maggiore britannico, William Edmund Ironside, aveva rilasciato alla stampa una dichiarazione così ottimista che il «Daily Express» l'aveva ironicamente intitolata: *Coraggio Hitler: affronta Ironside!* Mentre, da parte sua, il premier Chamberlain aveva rincarato la dose dichiarando ai Comuni: «Una cosa ormai è certa: il signor Hitler ha perduto l'autobus».

La sera del 7 aprile, ignaro di quanto stava per accadere nel Mare del Nord, il comando alleato aveva già ultimato l'imbarco delle truppe destinate alla Norvegia su quattro incrociatori e numerose altre unità minori. Si trattava di circa trentamila uomini, metà dei quali erano francesi della Legione straniera e dei Cacciatori delle Alpi, cui si erano aggiunti anche alcuni battaglioni di volontari polacchi comandati dal generale Władisław Anders. Ma ormai era troppo tardi.

La notte fra l'8 e il 9 aprile, all'ora fissata, Weserübung scattò contemporaneamente in Danimarca e in Norvegia. Le colonne motorizzate tedesche attraversarono la frontiera danese senza incontrare resistenza, mentre le navi da guerra penetravano nel Grande Belt, il canale che collega il Mare del Nord al Mar Baltico, e sbarcavano truppe a Zeeland. Il mattino dopo, i danesi che si recavano al lavoro in bicicletta incontrarono i primi tedeschi nelle strade di Copenaghen. In un primo tempo, tutti pensarono che stessero girando un film di guerra e solo più tardi si resero conto di cosa stava effettivamente accadendo. A informarli provvide infatti uno stormo di aerei della Luftwaffe che sorvolò la capitale lanciando dei manifestini in cui si assicurava che l'occupazione tedesca mirava soltanto a proteggere i danesi dalle manovre alleate. Nel frattempo, l'ambasciatore tedesco aveva tirato giù da letto il capo del governo danese e gli aveva imposto una dichiarazione di resa che l'altro aveva docilmente firmato, pur avanzando una protesta formale.

Prima di mezzogiorno, l'intera Danimarca era in mano tedesca e alle 14 fu firmata la capitolazione. Anche il settantenne Cristiano X, re di Danimarca, aveva fatto buon viso alla cattiva sorte dichiarando di affidarsi alla «comprensione» degli invasori per risparmiare vite umane. Soltanto il giorno dopo si verificò un episodio degno di nota. Passando a cavallo davanti al Parlamento e vedendovi issata la bandiera con la svastica, il sovrano ordinò di toglierla all'ufficiale tedesco che presidiava la zona. «Altrimenti» minacciò «manderò un mio ufficiale ad ammainarla.» «E noi lo fucileremo» rispose tranquillamente il tedesco. Cristiano non si scompose. «Allora quell'ufficiale sarò io» disse, scendendo con calma da cavallo. Il tedesco, a questo punto, si arrese.

Ben altra accoglienza fu riservata ai tedeschi in Norvegia. Alle 5 del mattino del 9 aprile, mentre le truppe avevano iniziato gli sbarchi, l'ambasciatore germanico a Oslo, Kurt Brauer, aveva presentato al ministro degli Esteri, Halvdan Koht, uno sbrigativo ultimatum, ma questi lo aveva respinto. «No. Noi non ci arrenderemo mai!» era stata la sua orgogliosa risposta. «Stiamo già contrattaccando.» Tutti i successivi tentativi di indurre alla resa il governo erano andati a vuoto. «La vostra resistenza è assolutamente priva di senso...» insistevano i tedeschi. «Siamo già padroni dei gangli vitali del paese...» Fatica inutile. Re Haakon VII (nato principe Christian Frederik Carl di Danimarca, fratello del monarca danese e unico re salito al trono per voto popolare in quanto, dopo la separazione dalla Svezia, la popolazione aveva optato per la monarchia) non volle imitare il fratello. Abbandonò infatti la capitale, seguito dai suoi ministri e dai membri del Parlamento per andare a rifugiarsi fra i monti nel villaggio di Nybergsund sul confine svedese. Gli fu anche possibile mettere in salvo, con una trentina di camion, l'oro della Banca di Norvegia e tutti i documenti di Stato.

In quelle stesse ore, all'estremo Nord del paese si stava intanto verificando una serie di eventi che risulteranno favorevoli a Hitler. All'alba del 9 aprile, le corazzate britanniche *Renown* e *Repulse*, che precedevano il convoglio con le truppe da sbarco destinate a Narvik, mentre imperversava una violenta tempesta, si imbatterono per caso negli incrociatori pesanti tedeschi *Scharnhorst* e *Gneisenau* che stavano puntando verso il Nord Atlantico per ingannare l'eventuale ricognizione aerea e lasciare libere le acque norvegesi nelle quali i tedeschi stavano effettuando i primi sbarchi. Lo stratagemma ebbe successo. Dopo uno scambio di salve, una delle quali colpì il *Gneisenau*, gli incrociatori tedeschi, profittando della loro superiore velocità, si sottrassero al tiro dei potenti pezzi da 381 delle corazzate britanniche e proseguirono nella loro rotta ingannevole portandosi dietro le unità nemiche.

Questo breve scontro mise in crisi l'ammiragliato britannico che non aveva ancora capito cosa stava accadendo. Furono infatti impartiti degli ordini contraddittori. Le navi cariche di truppe furono richiamate a terra e le unità di scorta vennero lanciate all'inseguimento degli incrociatori tedeschi. Intercettare queste due unità era diventata la «missione principale».

Nel frattempo, davanti a Narvik si era presentata una potente flotta tedesca, per sbarrare l'ingresso della quale erano intervenute due vecchie corazzate norvegesi che furono entrambe affondate dopo un rapido scontro a fuoco. Superato questo ostacolo, un piccolo contingente di truppe riuscì a sbarcare con facilità. Si trattava di duecento *Alpenjäger*, le truppe bavaresi del corpo alpino, comandate dal generale Eduard Dietl, un amico personale di Hitler. Quei robusti montanari, che forse vedevano il mare per la prima volta, avevano trascorso una lunga agonia sui ponti traballanti nel mare burrascoso. Quando scesero a terra erano infatti più morti che vivi e fu per loro una vera fortuna che il comandante norvegese della piazza, generale Konrad Sundlo, fosse un fanatico seguace di Quisling. Questi infatti aprì le porte di Narvik senza reagire. Lo sbarco a Bergen, seconda città della Norvegia, incontrò invece una resistenza più sensibile, ma a mezzogiorno tutto era comunque finito.

Oslo, la capitale, fu la città che si oppose con maggior vigore all'invasione. I pezzi da 280 mm della fortezza di Oscarborg affondarono l'incrociatore *Blücher* con il suo equipaggio di 1600 uomini, colarono a picco due cacciatorpediniere e danneggiarono gravemente la corazzata *Lützow* e l'incrociatore *Emden*. A causa delle perdite subite l'assalto dal mare fu interrotto, ma presto cinque compagnie di paracadutisti calarono sulla città e se ne impadronirono.

Occupata la città, i tedeschi avevano dato inutilmente inizio alla caccia a re Haakon, che Hitler aveva ordinato di catturare con ogni mezzo perché intendeva obbligarlo ad accettare un governo fantoccio presieduto dal traditore Vidkun Quisling. Fallito il tentativo, quella stessa sera Quisling si era comunque autoproclamato capo del nuovo governo e aveva diffuso per radio alle truppe l'ordine di cessare le ostilità contro i «protettori» germanici. Ma dal suo rifugio, re Haakon aveva risposto, attraverso una stazione radio clandestina, con un altro appello al suo popolo invitandolo a resistere agli invasori finché fosse possibile.

La risposta tedesca non si fece attendere: individuato il rifugio segreto del sovrano, il giorno dopo una formazione di bombardieri si avventò sul piccolo villaggio di Nybergsund radendolo al suolo con bombe incendiarie e mitragliando tutti coloro che cercavano di mettersi in salvo con la fuga. Haakon, il suo governo e i parlamentari avevano però già fatto in tempo a fuggire. Scampato ancora un volta al nemico, il sovrano raggiunse Tromsø, oltre il circolo polare artico, creandovi la capitale provvisoria della Norvegia libera e vi rimarrà a lungo alimentando la resistenza. Soltanto il 7 giugno abbandonerà la sua lotta disperata per trasferirsi in Inghilterra a bordo di un incrociatore britannico.

Il blitz contro la Norvegia era durato complessivamente quarantotto ore e gli Alleati non tardarono a rendersi conto di cosa significasse dal punto di vista strategico la presenza dei tedeschi sui tremila chilometri di costa dallo Skagerrak all'Artico. Questa minacciosa prospettiva indusse infatti il comando alleato a ritentare l'esecuzione di «Wilfred», camuffando però il fallito sbarco preventivo in una volenterosa operazione di soccorso.

Frattanto, il blitz tedesco in Scandinavia aveva richiamato l'attenzione del mondo intero e la stampa internazionale condannava ovviamente la «vile aggressione» della Danimarca e della Norvegia. Allo sdegno, soprattutto in Inghilterra e in Francia, erano seguiti anche dei commenti ironici sull'«errore» compiuto dai tedeschi. L'11 aprile il ministro britannico Walter Womersley dichiarò soddisfatto: «Hitler ha fatto il nostro gioco: che venisse fuori con le sue navi era proprio ciò che speravamo». Da parte sua, il nuovo primo ministro francese, Paul Reynaud, affermava con altrettanta sicumera: «L'attacco tedesco alla Scandinavia è paragonabile alla disperata reazione di una guarnigione assediata».

Dopo avere compreso di essere stato giocato dai tedeschi, che erano riusciti a sbarcare a Narvik mentre la *Renown* e la *Repulse* inseguivano invano gli incrociatori nemici, l'ammiragliato britannico aveva provveduto a inviare in quel settore la corazzata *Warspite* scortata da nove cacciatorpediniere. Il primo grande scontro navale fra le due squadre nemiche si verificò il 13 aprile nel Vestfjord di Narvik e i tedeschi ebbero la peggio. Con le sue poderose salve, la corazzata britannica affondò in pochi minuti nove cacciatorpediniere tedeschi e un sommergibile. Altre otto unità andarono perdute a opera dei cacciatorpediniere britannici o per autoaffondamento dopo che erano state esaurite le riserve di munizioni e di carburante. Le perdite britanniche si limitarono a due soli cacciatorpediniere. Questa strepitosa vittoria consentì lo sbarco a Harstad e a Namsos, a nord di Narvik, delle truppe anglo-francesi cui si unì una divisione norvegese ancora attiva. Si trattava complessivamente di trentamila uomini al comando di Lord Cork and Orrery.

A effetto della nuova circostanza che privava le forze di Dietl di ogni supporto marino, la situazione degli occupanti di Narvik si fece molto critica. Hitler, che intendeva evidentemente salvare l'amico Dietl, gli suggerì di operare uno sganciamento verso la Svezia, ma il generale Jodl lo contraddisse e ordinò a Dietl di resistere «quanto più a lungo possibile». Considerata l'esiguità delle forze avversarie, se gli Alleati avessero subito attaccato, Narvik sarebbe stata facilmente liberata.

Purtroppo, nel comando alleato di Londra regnava ancora molta confusione. Nessuno aveva tenuto conto delle enormi difficoltà che presentava quella zona nordica sepolta sotto metri di neve. Il corpo di spedizione scarseggiava persino di sci e pochi erano gli esperti sciatori. Si sbagliò anche grossolanamente nel valutare la forza che l'avversario aveva inviato in Norvegia. Secondo il generale Gamelin erano state impiegate almeno quindici divisioni, invece ce n'era una soltanto e neppure completa. I responsabili degli uffici che avevano studiato per mesi lo sbarco alleato a Narvik non sapevano neppure quali fossero ancora gli aeroporti norvegesi utilizzabili. Ciò costrinse le truppe sbarcate a combattere praticamente senza la copertura aerea poiché i velivoli provenienti dall'Inghilterra disponevano di un tempo tattico irrisorio. Per un po' gli aerei poterono servirsi di un lago gelato e di qualche aeroporto di fortuna, ma in breve fu chiaro che i crescenti effettivi della Luftwaffe avrebbero potuto provocare danni gravissimi.

Frattanto, le truppe alleate avevano attaccato Narvik costringendo gli *Alpenjäger* di Dietl (che nel frattempo avevano raggiunto il numero di quattromila) a ritirarsi per molti chilometri a ridosso della frontiera svedese. Per i tedeschi fu un momento assai critico, ma gli Alleati non seppero approfittarne. D'altronde, le truppe sbarcate erano prive di artiglieria da montagna e gran parte dei loro equipaggiamenti erano finiti in fondo al mare con le navi che li trasportavano. La Luftwaffe aveva infatti conquistato il pieno dominio del cielo e martellava i porti utilizzati dagli avversari, mentre, al contrario degli *Alpenjäger*, gli anglo-francesi incontravano difficoltà a muoversi nella neve alta.

Il 21 aprile, a Lillehammer, soldati inglesi e soldati tedeschi si scontrarono per la prima volta in combattimento da quando la guerra aveva avuto inizio. La battaglia durò un giorno intero, ma alla fine gli *Alpenjäger* ebbero la meglio e gli inglesi abbandonarono le posizioni lasciando sul campo molti caduti e diversi prigionieri. Appena ricevuta la notizia del successo raggiunto dal suo amico, Hitler espresse il desiderio di vedere i primi prigionieri britannici e Dietl gli spedì in aereo, a Berlino, un ufficiale, un sergente e un soldato semplice. I tre furono condotti davanti a Hitler che li studiò, passeggiando loro intorno incuriosito. Si fece spiegare il significato dei gradi e delle mostrine, poi esaminò le loro uniformi, la buffetteria, le scatolette di carne, le sigarette eccetera. Quindi, con tono severo, disse loro in tedesco: «Questa guerra non era necessaria. Dovete ringraziare il vostro governo se vi trovate qui». E li abbandonò al loro destino.

A meno di un mese dall'inizio di Weserübung il contrattacco alleato era in piena crisi. Gli anglo-francesi erano stati costretti a evacuare la Norvegia centrale e meridionale. Soltanto a Narvik, che gli *Alpenjäger* erano riusciti a riconquistare, Dietl versava in difficoltà sotto la pressione dell'ancora agguerrito corpo di spedizione. Agli inglesi, ai francesi e ai polacchi si erano aggiunte altre due brigate norvegesi. Il 27 maggio, gli alpini bavaresi furono infatti, ancora una volta, costretti a ritirarsi. Ma pochi giorni dopo il corpo di spedizione alleato fu richiamato urgentemente in patria. Dietl ebbe così modo di rientrare trionfalmente a Narvik con i suoi *Alpenjäger*. Hitler lo insignì della Croce di ferro da cavaliere e lo promosse maggior generale.

La campagna di Norvegia era durata esattamente due mesi. Era costata quasi 3000 morti ai tedeschi e più di 6000 agli Alleati. Negli scontri navali, i tedeschi avevano perduto tre incrociatori e venti cacciatorpediniere. Gli inglesi la portaerei *Glorious*, un incrociatore e sette cacciatorpediniere. L'avventura scandinava alla quale Churchill aveva pensato fin dai primi giorni di guerra era fallita.

Calava così sulla Norvegia l'ombra tragica dell'occupazione tedesca. Insoddisfatto dell'azione politica svolta dal governo fantoccio di Quisling, Hitler lo aveva esautorato già solo dopo cinque giorni per collocare al suo posto, quale commissario del Reich, il giovane Gauleiter Josef Terboven, un nazista brutale che alla fine della guerra si sottrarrà alla cattura togliendosi la vita con il veleno. Vidkun Quisling nel 1942 fu nominato presidente dei ministri e il partito da lui fondato riconosciuto come unico partito legittimo. Il suo nome diventerà proverbiale per indicare i governi fantoccio creati dagli invasori. Sarà giustiziato a Oslo nel 1945.

«Signor Chamberlain, in nome di Dio, andatevene!»

Dopo il disastro norvegese, il premier britannico Neville Chamberlain, conosciuto in tutta Europa come «l'uomo con l'ombrello» per il suo vezzo di non separarsene mai, venne a trovarsi nell'occhio del ciclone. Il suo pacifismo imbelle, la sua inconcludente politica di *appeasement*, la sua eccessiva flemma britannica, tutto gli fu messo in conto. Ma la goccia che fece traboccare il vaso fu una frase che aveva pronunciato un mese prima, alla vigilia dello sbarco a Narvik: «Il signor Hitler ha ormai perduto l'autobus».

Il 7 maggio 1940, quando Chamberlain illustrò ai Comuni con toni funerei la grave situazione in cui la Gran Bretagna era venuta a trovarsi, i liberali e i laburisti lo attaccarono violentemente, ma anche dai banchi del suo partito il leader dei conservatori, Lord Amery, quando prese la parola, non gli concesse un solo cenno di solidarietà. Concludendo il suo discorso violentemente critico, Amery gli rivolse infatti le stesse parole rivolte tre secoli prima da Oliver Cromwell al Parlamento: «Da troppo tempo siete in carica per quel poco di bene che avete compiuto. Andatevene, vi dico, e che sia finalmente finita con voi. In nome di Dio, andatevene!».

Il 10 maggio, il Primo lord dell'ammiragliato Winston Churchill fu convocato a Buckingham Palace da Giorgio VI. Quel giorno, i quotidiani erano dominati dalle notizie dell'offensiva tedesca in Francia e nessuno accennava alla crisi di governo. Il sovrano accolse cortesemente il visitatore, lo invitò a sedere e dopo averlo fissato a lungo in silenzio, gli chiese con un mezzo sorriso: «Suppongo che non sappiate per quale motivo vi ho fatto chiamare?». Churchill si prestò al gioco e rispose ammiccante: «Sire, non riesco proprio a immaginarlo». Allargando il suo sorriso, Giorgio VI rispose: «Voglio semplicemente chiedervi di formare un nuovo governo». Dopo avere accettato l'incarico, il neopremier comunicò a re Giorgio la sua intenzione di formare un gabinetto di guerra, di unità nazionale, composto da cinque o sei ministri al massimo. «Vi comunicherò i nomi prima della mezzanotte» gli promise prima di salutarlo.

Neanche un'ora dopo, conservatori, laburisti e liberali comunicarono a Churchill la loro disponibilità e lui non perse tempo a scegliere gli uomini che, salvo leggere modifiche, avrebbero costituito il gabinetto di guerra che condurrà cinque anni dopo l'Inghilterra alla vittoria. Essi erano: Clement Attlee ed Ernest Bevin (laburisti), Lord Halifax (liberale), Antony Eden e Lord Beaverbrook (conservatori). Il 13 maggio Churchill espose il suo programma ai Comuni con questo celebre discorso:

> Vorrei dire alla Camera, così come l'ho detto a coloro che sono entrati a far parte del governo: non posso offrirvi altro che sangue, sudore, fatica e lacrime. Abbiamo davanti a noi molti, molti lunghi mesi di lotta e di sofferenza. Voi mi domanderete: «Ma quale è la nostra politica?». Io vi rispondo: battersi in terra, in mare e in cielo con tutte le nostre forze e con lo spirito battagliero che Dio può infonderci. Batterci contro la tirannide mostruosa, non mai superata nei tragici annali dell'umana criminalità. Questa è la nostra politica. «Quali i nostri scopi?» voi mi domanderete. Posso rispondervi con una sola parola: vittoria. Vittoria a ogni costo. Vittoria nonostante ogni terrore, per lunga e dura che possa essere la strada. Perché senza vittoria non sopravviveremo. Sia ben chiaro a tutti: non sopravviverà l'impero britannico, non sopravviverà nulla di ciò che l'impero britannico sosteneva, di ciò che spinge il genere umano sempre più innanzi verso la meta. Ma io assumo il mio compito con baldanzosa speranza. Sono certo che i popoli non permetteranno che la nostra causa sia sconfitta. Ora è il momento in cui mi riconosco il diritto di chiedere l'aiuto di tutti. E dico: su dunque, marciamo tutti insieme unendo le nostre forze.

VI

LE MIRE DI HITLER A OCCIDENTE

La volta della Francia

Hitler aveva cominciato a pensare all'offensiva contro la Francia quando ancora non aveva concluso la rapida campagna di Polonia. Quest'uomo, che nel corso della guerra rivelerà insospettate capacità strategiche, possedeva anche una mente che tendeva a precorrere gli eventi e a suggerirgli le contromisure. Attaccando la Polonia, egli non aveva escluso l'eventualità dell'intervento nel conflitto di Francia e di Inghilterra, come effettivamente era accaduto, e si era preparato ad affrontarlo.

A suo avviso, appena liquidata la Polonia e garantita la frontiera orientale grazie all'accordo con Stalin, non esisteva alternativa se non quella di scatenare una fulminea offensiva contro la Francia. Altrimenti, un lungo indugio avrebbe giocato solo a vantaggio della Francia e dell'Inghilterra che avrebbero avuto modo di rinforzare i propri eserciti, mentre la Germania avrebbe consumato le sue riserve e si sarebbe anche trovata esposta al rischio di un attacco alle spalle da parte dei sovietici. Il fragile patto Hitler-Stalin, basato sulla reciproca sfiducia, non era affatto d'«acciaio» come quello con l'Italia fascista e poteva non durare troppo a lungo. Meglio dunque, per Hitler, bruciare i tempi e sferrare un colpo decisivo alla Francia. Una volta caduta – questo era il suo convincimento – la Gran Bretagna sarebbe scesa a patti e avrebbe concesso alla Germania il dominio dell'Europa pur di salvaguardare la sopravvivenza del suo immenso impero.

Hitler era sicuro del fatto suo. A differenza dei suoi generali, i quali ancora temevano l'elefantiaco esercito francese che li aveva sconfitti nella prima guerra mondiale, lui era convinto che un piccolo ma agguerrito esercito, guidato da comandanti determinati, avrebbe avuto la meglio su un'armata priva di spirito combattivo e guidata da generali sclerotici. Pur riconoscendo ai francesi la netta superiorità nel campo delle armi e dei mezzi convenzionali, egli contava infatti sulla perfezione tecnica raggiunta dai suoi aerei e dai suoi carri armati, nonché sulla strenua determinazione dei suoi soldati e sulla nuova generazione di ufficiali usciti dalle scuole di guerra, bene addestrati e pieni di entusiasmo.

Deciso dunque a sferrare al più presto l'offensiva, appena si era conclusa la facile conquista della Polonia Hitler aveva intensificato la sua pressione sull'OKW, il comando supremo delle forze armate, affinché realizzasse il piano d'operazioni per l'imminente attacco alla Francia. Ma, nel 1939, l'autorità del Führer non era del tutto recepita dai vecchi generali che ancora recalcitravano a eseguire gli ordini del presuntuoso «caporale austriaco». Essi non condividevano il suo ottimismo, non erano contagiati dalla sua sicurezza fanatica nella vittoria e speravano invece in un accomodamento diplomatico che evitasse di far degenerare il limitato conflitto in una guerra mondiale, ad affrontare la quale la Germania, a loro parere, non era assolutamente preparata.

Avversi all'azzardato progetto hitleriano erano infatti tutti i componenti dell'OKW, compresi il comandante della Wehrmacht Walter Brauchitsch e il suo capo di stato maggiore Franz Halder. Tanto è vero che in quei giorni fra gli alti gradi delle forze armate tedesche si giunse addirittura a progettare un piano per rovesciare Hitler. Ma i congiurati, fra i quali figuravano anche Brauchitsch e Halder, rinunciarono all'impresa quando ebbero la consapevolezza che i giovani ufficiali e tutta la base dell'esercito non avrebbero obbedito agli ordini tanta era la cieca fiducia che essi riponevano nel Führer.

Pur ignorando questo episodio, ma in ogni caso indispettito per le lungaggini pretestuose dell'OKW, il 23 novembre 1939 Hitler aveva convocato lo stato maggiore per sferrare un attacco a fondo contro l'attendismo dei suoi generali. Li accusò infatti di pusillanimità e lasciò minacciosamente intendere che cominciava a sospettare che si stesse cercando di sabotare i suoi piani. Il tentativo compiuto da Brauchitsch per sottolineare i rischi cui si poteva andare incontro attaccando la Francia ebbe l'effetto di provocare uno scoppio d'ira del Führer. Il generale, offeso per la sfuriata ricevuta, gli aveva presentato all'istante le proprie dimissioni, ma Hitler le aveva sdegnosamente respinte invitandolo a obbedire agli ordini. Che si mettessero dunque tutti al lavoro.

La fretta di Hitler circa l'opportunità di una rapida offensiva contro la Francia, comunque la si voglia giudicare, era dal punto di vista militare completamente giustificata. I comandanti alleati non erano ancora psicologicamente pronti a sostenere l'urto dell'esercito tedesco benché sulla carta sembrassero più forti. E Hitler, da stratega istintivo abituato a obbedire ai propri impulsi più che alla ragione, evidentemente lo aveva percepito.

D'altra parte, nel 1939, sul pensiero militare di tutti gli stati maggiori europei influiva ancora il ricordo della grande guerra. Passata la bufera del primo conflitto mondiale, gli esperti avevano esaminato con calma ciò che era successo per trarne un insegnamento valido per il futuro. Al centro della loro attenzione era stato collocato il cosiddetto piano Schlieffen, ossia il progetto elaborato dal generale Alfred von Schlieffen che nel 1914 per poco non aveva messo subito la Francia in ginocchio. Esso prevedeva una manovra avvolgente che, partendo dal Belgio, come un colpo di falce doveva accerchiare Parigi chiudendola in una sacca. La sua esecuzione era stata affidata al generale Helmuth von Moltke, il quale vi aveva apportato notevoli variazioni, cause non ultime del suo insuccesso. I tedeschi giunsero comunque quasi alle porte della capitale francese, ma l'operazione era stata infine mandata in frantumi dal generale Joseph Joffre nella grande e memorabile battaglia che i francesi chiamarono «il miracolo della Marna», sottolineando però che si trattava di un miracolo della volontà umana e non di grazia divina.

Nel dopoguerra i pregi e i difetti di «Schlieffen» erano stati sviscerati dagli stati maggiori, i quali erano tuttavia giunti a conclusioni diverse: per i francesi, il piano non aveva funzionato perché, semplicemente, non poteva funzionare per la loro superiorità. Per i tedeschi invece non aveva funzionato per gli errori commessi da von Moltke, che infatti ne aveva commessi molti, ma restava un alto prodotto dell'intelligenza militare, una concezione ardita però scientificamente corretta.

Spronato da Hitler, lo stato maggiore tedesco, rivelando scarsa fantasia, aveva così messo a punto un progetto, chiamato piano Gelb, che ricalcava fedelmente il vecchio piano Schlieffen. «Gelb» prevedeva infatti la solita manovra avvolgente che, dai tempi di Annibale alla battaglia di Canne, continuava ad affascinare gli strateghi senza idee: uno sfondamento attraverso il Belgio neutrale e quindi una manovra a semicerchio in direzione di Parigi.

Nel corso dell'elaborazione di questo progetto, Hitler intervenne personalmente più volte ai *Kriegsspiel*, i consigli di guerra, interloquendo e contraddicendo i suoi generali per suggerire nuove idee rivoluzionarie che potevano scaturire solo da una mente non condizionata dai dogmi tradizionali delle scuole di guerra. Hitler, per esempio, chiese a Brauchitsch se non fosse possibile sferrare una azzardata «azione falciante» alla rovescia rispetto a quella suggerita dal vecchio piano Schlieffen. Ossia una marcia attraverso il Belgio e il Lussemburgo per poi sfondare a Sedan, dove terminava la Linea Maginot, e quindi marciare a sud della Mosa, ma non in direzione di Parigi bensì della Manica. Tale operazione, secondo Hitler, avrebbe consentito di imbottigliare le forze che sicuramente i francesi avrebbero inviato in soccorso del Belgio dividendo in tal modo l'esercito avversario in due tronconi. Ma Brauchitsch, confortato dai suoi collaboratori, non nascose le sue perplessità e le espose a Hitler con tanta convinzione che questi, ancora poco sicuro del proprio «genio» strategico, finì per esternare qualche dubbio. Di ciò approfittarono i generali per esaminare altri progetti e cercare nuove soluzioni. Resta tuttavia il fatto che fu merito di Hitler l'avere indicato Sedan come il punto più debole dello schieramento difensivo francese.

Nel frattempo, il generale Erich von Manstein, capo di stato maggiore del feldmaresciallo Gerd von Rundstedt, che era escluso, per ragioni di grado, dai *Kriegsspiel* dell'alto comando, si era messo di sua iniziativa a studiare il piano Gelb e ne aveva individuato il punto debole. Appariva infatti chiaro ai suoi occhi che Gelb, ripetendo l'offensiva suggerita da Schlieffen, avrebbe trovato il nemico preparato ad affrontarla. Era quindi necessario cambiare strategia per evitare di creare la stessa situazione del 1914, quando le truppe di von Moltke erano state arginate sulla Marna e impossibilitate a proseguire la marcia su Parigi.

Curiosamente, pur ignorandolo, Manstein sosteneva a grandi linee la stessa tesi di Hitler che gli alti strateghi avevano scartato. Egli dava infatti per scontato che i francesi, attendendosi la ripetizione di Schlieffen, avrebbero inviato nei Paesi Bassi gran parte delle loro forze. Di conseguenza, se i tedeschi avessero sfondato, attraverso le Ardenne, la cerniera di Sedan, limite estremo della Linea Maginot, con una rapida avanzata verso la Manica sarebbe stato possibile aggirare sul rovescio le forze concentrate in Belgio per chiuderle in una sacca. Tuttavia, per avere successo, questa operazione doveva essere fulminea: non poteva insomma procedere al lento passo del fante. Era indispensabile l'impiego dei carri armati. Ma sarebbe stato possibile attraversare con i carri la vasta foresta delle Ardenne?

Erich von Manstein, che aveva servito nella Panzerwaffe, le forze corazzate, vi aveva lasciato un caro amico che, al comando dei suoi carri, si era già distinto nella campagna di Polonia per competenza e audacia, il generale Heinz

Guderian, escluso pure lui, per inferiorità di grado, dai *Kriegsspiele*. Quando Manstein gli espose il suo progetto, Guderian ne fu immediatamente conquistato. Racconterà infatti nelle sue memorie:

> Manstein mi chiese se i carri armati sarebbero stati in grado di attraversare la foresta delle Ardenne. Poi mi espose la sua idea di sfondare al limite della Maginot nei pressi di Sedan, accantonando il piano Schlieffen che il nemico conosceva e che probabilmente si aspettava di vedere applicato ancora una volta. Io avevo avuto occasione di conoscere quella regione durante la prima guerra mondiale e, dopo avere esaminato con attenzione le carte della zona, mi dissi d'accordo con lui. Le Ardenne non rappresentavano per i miei carri un ostacolo insuperabile.

Come accade in tutti gli eserciti, e così pure nella vita, le idee dei subordinati (anche quando sono geniali) vengono sempre accolte con sospetto dai superiori e, se possibile, scartate. Andò così anche per Manstein. Quando presentò arditamente il suo piano all'OKW, senza rispettare le vie gerarchiche, la sua audacia fu severamente redarguita. Come si permetteva un semplice capo di stato maggiore di contestare le idee dei migliori strateghi della Wehrmacht? La loro risposta fu infatti dura, negativa e sferzante. Ma poiché Manstein continuava a sostenere la validità del progetto, i suoi superiori presero la decisione consueta che si adotta in casi simili: lo «scocciatore» fu allontanato e trasferito nella lontana Pomerania a comandare un gruppo di divisioni di fanteria. Non fu neppure esaudito il suo desiderio di ottenere almeno il comando di un corpo corazzato.

Nei mesi che seguirono, mentre la guerra russo-finnica stava per concludersi con la vittoria dell'Armata Rossa, l'alto comando tedesco aveva proseguito i suoi studi per la realizzazione del piano Gelb. Il 14 febbraio 1940, sollecitato da Hitler, il quartier generale della Wehrmacht tenne un altro *Kriegsspiel* per preparare l'offensiva contro la Francia. In quella occasione venne consultato anche Guderian il quale, sempre più affascinato dall'audace progetto di Manstein, indicò la cerniera di Sedan come il punto più debole dello schieramento avversario e suggerì l'idea di forzarlo con un'irruzione a sorpresa dei panzer da dove i francesi non se lo sarebbero mai aspettata: la foresta delle Ardenne.

La proposta di Guderian fu accolta con un'alzata di spalle. Quella foresta impraticabile avrebbe sicuramente impedito la marcia dei carri. E, qualora fossero riusciti ad attraversarla, cosa avrebbero fatto senza l'appoggio delle fanterie? Nel 1940 lo sfruttamento di una breccia operata dai carri armati era generalmente ammessa da tutte le scuole di guerra, in quanto poteva essere utile per abbattere un ostacolo, però sempre nel corso di un'operazione combinata con le altre forze. Ciò che spaventava l'OKW – e del resto anche i comandi alleati, per non parlare di quello italiano – era il rischio che si poteva correre basando un piano militare soltanto su un'azione di rottura compiuta autonomamente dai carri senza l'appoggio preventivo o concomitante della fanteria. Cosa sarebbe accaduto dopo? Nell'incertezza, meglio non rischiare.

Lo stesso von Rundstedt giudicò troppo pericoloso affidare quella delicatissima operazione ai soli mezzi corazzati. Trascorsero così altri mesi. La repentina decisione di Hitler di invadere la Norvegia distrasse per qualche tempo l'attenzione dell'alto comando dal tranquillo fronte occidentale, ma non dalla mente del Führer, per il quale l'offensiva contro la Francia rimaneva l'obiettivo principale. «La lotta per il piano», come appunto si intitola il capitolo delle memorie di Heinz Guderian dedicato a questo argomento, continuò infatti fra discussioni e contrasti.

In un successivo *Kriegsspiel*, di fronte alle perplessità degli altri generali, Guderian, animato da una fede incrollabile nei carri armati come elementi base degli eserciti moderni, tornò a insistere sulla validità del progetto di Manstein. Di fronte all'ostinato diniego dei presenti, ebbe anche uno scatto d'ira: «Questa discussione tradisce il vostro misconoscimento dell'importanza dei carri. Non capirete mai che devono essere i panzer ad aprire la strada alla fanteria e non viceversa?». Gli altri generali non lo capirono e anche quel *Kriegsspiel* si concluse senza che venisse presa una decisione definitiva.

Hitler, che non era mai stato informato del progetto di von Manstein, ne venne a conoscenza solo per un caso fortuito. Il 17 febbraio, come voleva la consuetudine secondo cui i generali che ricevevano un nuovo comando venissero ricevuti dal Führer, Manstein si presentò alla cancelleria ed ebbe con Hitler uno scambio di idee durante il quale, con sua vivissima sorpresa, scoprì che nulla del suo piano gli era stato riferito. Prendendo il coraggio a quattro mani, gli espose allora con chiarezza il suo progetto e Hitler, che vi riconobbe immediatamente la propria idea, lo accolse con un'esplosione di gioia. Manstein fu colmato di complimenti e invitato a redigere una relazione.

Il 6 marzo venne convocata una conferenza di tutti i comandanti d'armata e di corpo d'armata. Era presente anche Guderian, al cui comando era affidato il 19° corpo della Panzerwaffe, al cui vertice era il generale Ewald von Kleist. Mancavano appena due mesi all'offensiva contro la Francia, tuttavia l'ordine di battaglia non era ancora definito. La puntata contro Sedan era stata decisa, ma le difficoltà da superare restavano enormi. L'attraversamento delle Ardenne era per molti da scartare: una marcia in mezzo ai boschi, fra grovigli inestricabili, avrebbe consentito soltanto ad alcuni elementi sparsi di raggiungere la Mosa. Le vaste pianure del Brabante sembravano essere fatte apposta per favorire l'avanzata dei carri: perché non scegliere quelle? Poiché Guderian insisteva, il generale Fedor von Bock gli si rivolse risentito: «Voi intendete sgusciare a quindici chilometri dalla Linea Maginot e pensate che i francesi resteranno a guardarvi?» gli domandò a bruciapelo. «Credete davvero che potrete attraversare le Ardenne e poi la Mosa e correre fino al mare con un fianco scoperto di trenta chilometri? Che cosa farete se i francesi vi inchioderanno tra la frontiera e il fiume? Avete forse dimenticato che esiste l'aviazione? Credete a me. Voi state sognando!» Guderian incassò in silenzio, ma non cambiò idea.

Il 15 marzo, lo stesso Hitler partecipò al *Kriegsspiel* e prese di petto la situazione. Rivoluzionò completamente il piano Gelb e impose l'esecuzione del «suo» piano, che prevedeva l'impiego dei carri armati in completa autonomia. Stabilì infatti che un *Panzerkeil*, un «cuneo corazzato», proveniente dalle Ardenne, sarebbe stato lanciato di sorpresa contro la cerniera di Sedan. Dopodiché, superata la Mosa e proseguendo l'avanzata dei carri, sarebbe stato possibile intrappolare da sud le forze nemiche che sarebbero accorse in Belgio. Richiesta l'opinione di Guderian, questi non perse l'occasione di esporre con chiarezza anche al Führer il progetto che tanto gli stava a cuore. Come risulta dai verbali, illustrò dettagliatamente ciò che si proponeva di fare. «Il giorno X» affermò con sicurezza «passerò la frontiera lussemburghese dirigendomi subito verso Sedan, attraverso le Ardenne, con il mio corpo corazzato disposto su tre colonne. Ho calcolato che potrò raggiungere la frontiera belga il primo giorno superandola la sera stessa. Il secondo giorno avanzerò fino a Neufchâteau e il terzo raggiungerò Bouillon, dopo avere attraversato il Semois. Al quarto giorno sarò alla Mosa e l'attraverserò il quinto giorno. Per quella sera conto di avere costituito una consistente testa di ponte al di là del fiume.»

«E cosa farete dopo?» chiese Hitler.

«Salvo ordini contrari,» rispose Guderian «conto di proseguire l'indomani la mia avanzata verso ovest. La sola cosa che chiedo al comando è che mi si dica quale deve essere la direzione di marcia: Amiens o Parigi. A mio parere, tuttavia, la soluzione corretta consisterebbe nel puntare su Amiens per raggiungere la Manica.»

Hitler si disse completamente d'accordo e il «suo» piano fu definitivamente adottato. Il comando del Panzerkeil, che doveva assolvere il compito principale, venne assegnato al generale von Kleist.

Il piano definitivo prevedeva che il giorno X, tre gruppi di armate si sarebbero messi in azione lungo l'immenso fronte. Il gruppo C (comandato da Wilhelm Ritter von

Leeb) doveva limitarsi a presidiare il fronte fra la Svizzera e il Lussemburgo. Il gruppo B (comandato da von Bock) doveva occupare l'Olanda e sfociare nel Belgio. Questo gruppo era relativamente sfornito di grandi unità corazzate, ma disponeva della più importante novità militare dell'epoca: la fanteria dell'aria, i paracadutisti, che dovevano occupare i ponti sul Reno e sulla Mosa e attaccare le fortificazioni con i metodi rivoluzionari concepiti dal Führer. Si sperava che queste azioni spettacolari avrebbero indirizzato l'attenzione del nemico verso il nord e orientato in quella direzione il grosso delle sue forze. Al gruppo A (comandato da von Rundstedt) era infine affidata l'azione principale, ossia la copertura dell'attacco a sorpresa di Sedan a opera del Panzerkeil di von Kleist. Le armate di von Bock erano quindi l'incudine e quelle di von Rundstedt il martello che avrebbero schiacciato il nemico in una morsa.

Operata la rottura a Sedan, il «cuneo corazzato» sarebbe stato diviso in tre scaglioni. Il primo, al comando di Guderian, avrebbe raggiunto Boulogne e poi Calais sulla Manica, il secondo, al comando di Hans von Reinhard, avrebbe puntato al centro in direzione di Cassel e il terzo, comandato da Erwin Rommel, avrebbe operato sull'estrema destra in direzione di Lilla.

Non del tutto soddisfatto, Hitler volle aggiungere al piano anche due varianti di peso. La prima comportava la riduzione delle Panzerdivisionen incaricate di sfondare a Sedan da dieci a sette (tre a Guderian e due ciascuno a Reinhardt e a Rommel), tutte quante opportunamente occultate nella foresta delle Ardenne: era necessario, secondo Hitler, che tre divisioni rimanessero sulle loro posizioni iniziali, una puntata su Rotterdam e due su Bruxelles, per ingannare la ricognizione nemica e nascondere l'obiettivo principale dell'offensiva. Il piano infatti poteva funzionare soltanto se gli Alleati si fossero effettivamente precipitati in aiuto del Belgio ignorando quanto si stava preparando per sfondare a Sedan. «Una trappola» ridacchiò Hitler commentando il progetto «ha bisogno della tagliola, ma anche del formaggio. Le tre Panzerdivisionen lasciate sulla destra del fronte funzioneranno da esca.» A suo parere, anche se ridotta di potenza, la puntata contro Sedan dei panzer di von Kleist, favorita dall'effetto sorpresa, avrebbe avuto ugualmente successo.

L'altra variante suggerita da Hitler prevedeva la liquidazione definitiva delle forze alleate con un doppio e simultaneo attacco. Un «colpo di falce» – questo fu infatti il nome dato all'operazione – avrebbe isolato e poi annientato le truppe alleate nel Belgio, mentre le altre divisioni corazzate e le fanterie avrebbero effettuato profondi raid nell'interno della Francia per impegnare le forze che sicuramente sarebbero state distolte dalla Maginot e dal fronte alpino con l'Italia, nel tentativo di sbloccare la situazione. In altri termini, le armate tedesche, giocando sulla sorpresa e mantenendo un atteggiamento risolutamente offensivo, avrebbero potuto liquidare la Francia in poche settimane. L'intuizione di Hitler si era trasformata in soli quattro mesi, come osserva Raymond Cartier, in una delle combinazioni strategiche più geniali della storia: un piano straordinario nella sua semplicità e grandioso per la sua audacia.

Ancora oggi, la paternità del piano che mise in ginocchio la Francia in poche settimane è controversa. L'idea fu di Hitler o di Manstein? La storia ha attribuito il merito a tre uomini: Hitler, Manstein e Guderian. Essi furono indubbiamente gli autori della più clamorosa offensiva terrestre del XX secolo. Manstein e Hitler idearono la trappola di Sedan. Guderian la realizzò battendosi, più che contro i francesi, contro gli alti gradi della Wehrmacht che cercarono di castrarla dopo averla sdegnosamente respinta in fase di progetto. A fatto compiuto, Hitler non esitò naturalmente ad attribuirsi tutto il merito di questo successo. Ma volle anche precisare: «di tutti i generali ai quali parlai del mio progetto per il fronte occidentale, Manstein fu l'unico che mi comprese». Da parte sua, Manstein, già premiato con una brillante promozione, si limiterà ad affermare che probabilmente il suo pensiero seguì un itinerario parallelo a quello del Führer e che, di conseguenza, non si sentiva affatto sicuro di essere soltanto lui l'ispiratore della travolgente operazione.

Dopo la conferenza del 15 marzo 1940, Hitler esercitò su Brauchitsch e Halder una pressione così energica che i due strateghi dovettero rassegnarsi all'idea di riformulare il piano di invasione della Francia secondo i nuovi criteri. Pur essendo ancora riluttante, il generale Halder, che era un ufficiale di straordinaria capacità, fece tuttavia molto bene il suo lavoro. La stesura particolareggiata dell'operazione complessiva, da lui perfezionata, si trasformerà in una eccellente pianificazione. Denominata in codice «Sichelschnitt» (colpo di falce) questa operazione indicava dunque come obiettivo strategico dell'offensiva una rapida conquista dell'Olanda, onde sottrarla a una possibile iniziativa britannica, nonché una puntata decisiva attraverso il Lussemburgo e il Belgio in direzione della Francia. Dopodiché, grazie a una lesta avanzata dei carri in direzione della Manica, sarebbe stato raggiunto il risultato di separare le forze avversarie e di stabilire una importante premessa all'annientamento della potenza militare nemica. Il successo dell'impresa era quindi affidato ai soli mezzi corazzati che, per la prima volta nella storia, dovevano operare in completa autonomia.

Il Belgio tra due fuochi

Il Belgio si trovava in una situazione particolare. Pur intrattenendo comunicazioni segrete con gli Alleati a livello di stato maggiore, non intendeva impegnarsi direttamente in un vero e proprio piano di collaborazione militare perché era un paese neutrale, terrorizzato dalla prospettiva di offrire alla Germania ogni possibile pretesto per un attacco. Preferiva perciò pregiudicare un futuro di guerra per non compromettere un presente di pace: una scelta azzardata che i fatti riveleranno poco felice in entrambi i sensi. Nei loro progetti offensivi i tedeschi davano infatti per scontata l'invasione del Belgio, ma anche i francesi l'avevano inclusa nei loro progetti difensivi.

Mentre era ancora in corso la campagna di Norvegia, lo stato maggiore francese aveva studiato una contromossa da operare in Belgio per prendere di contropiede la Wehrmacht qualora avesse dato inizio all'offensiva a Occidente. Si prevedeva cioè di violare la neutralità belga per costituire una linea difensiva lungo il fiume Dyle, a levante di Bruxelles, che avrebbe raccordato Gembloux con Namur e poi con Dinant e Givet fino a Sedan dove terminava la Maginot. Questa linea avrebbe spaccato in due il Belgio in senso verticale salvando la metà del territorio e lasciando aperta agli Alleati la possibilità di prestare eventualmente manforte anche all'Olanda appoggiandosi alle fortificazioni della zona di Breda. Per essere pronto a effettuare questa contromossa, il comandante francese Gamelin già nel gennaio 1940 aveva ordinato il trasferimento sul confine belga, all'estrema sinistra dello schieramento davanti all'Yser, della VII armata del generale Henri Giraud, posta di riserva a Reims in una posizione di copertura per Parigi.

Questo movimento, che probabilmente non sfuggì ai tedeschi, era certamente in linea con i presupposti dell'ipotesi Dyle, ma privava il comando francese di qualsiasi riserva centrale. Da quel momento, o le cose sarebbero andate come Gamelin aveva previsto, oppure egli non avrebbe avuto i mezzi materiali per fronteggiare un attacco che si fosse presentato su direttrici diverse da quelle da lui immaginate. In altre parole, Gamelin mise sul tavolo verde della guerra la posta più alta fidando sul valore delle sue truppe, ma soprattutto sulla sua superiorità intellettuale. Gamelin riteneva per davvero che i tedeschi fossero «troppo prussiani», troppo ottusi, per elaborare strategie innovative. Giocò infatti tutte le sue carte sulla ripetizione testarda del vecchio piano Schlieffen. Il lato ironico di questa storia è che gli alti ufficiali della Wehrmacht erano effettivamente come Gamelin li immaginava: aristocratici, scolastici e poco inclini a porgere orecchio alle novità. Ignorava che Hitler aveva sparigliato le carte.

Un atterraggio di fortuna blocca l'offensiva

Hitler aveva fretta di agire. Già nei primi giorni del gennaio 1940, quando Mussolini ancora si illudeva di poterlo indurre ad accettare una conferenza internazionale, l'offensiva contro la Francia stava già per scattare. A fermarla per la prima volta non fu l'invasione della Norvegia, bensì un incidente imprevisto che rallentò e forse modificò il corso della guerra: l'atterraggio forzato di un aereo tedesco.

La mattina del 10 gennaio faceva molto freddo nel villaggio belga di Mechelen attraversato dalla Mosa completamente ghiacciata. Alcuni soldati del posto di frontiera con la Francia stavano riscaldandosi attorno a un fuoco di sterpi quando avvertirono il rombo di un aereo che, sbucato dalle nubi, scese a bassissima quota. Il velivolo, in difficoltà, prese fortunosamente terra su uno spiazzo erboso per poi andare a sbattere contro gli alberi di un boschetto. Il comandante del presidio, capitano Arthur Rodrique, seguito da alcuni militari, si recò prontamente nel luogo dove l'aereo, un Messerschmitt tedesco, era andato a fracassarsi. Appena giunto, scorse un pilota uscire malconcio dai rottami mentre il suo compagno, accucciato per terra, stava bruciando frettolosamente delle carte. Rodrique riuscì a fermarlo in tempo e a ricuperare i documenti.

Condotti nel posto di guardia, i due uomini si limitarono, secondo gli usi di guerra, a fornire i propri nomi e i numeri di matricola. Erano due ufficiali paracadutisti della Luftwaffe di nome Karl Reinberger e Horst Hoenmans. Nel corso dell'interrogatorio, il maggiore Reinberger, l'uomo che aveva cercato di bruciare le carte, approfittando di un momento di distrazione dei suoi sorveglianti, strappò dalle mani dell'ufficiale i documenti sequestrati e tentò di gettarli nella stufa accesa. Bloccato prima che potesse realizzare il suo intento, il tedesco riuscì a divincolarsi e a impadronirsi di una pistola abbandonata su un tavolo con la quale cercò di spararsi alla tempia. Prontamente disarmato, egli supplicò inutilmente i suoi sorveglianti che gli consentissero di togliersi la vita. Naturalmente non fu accontento, ma il suo strano comportamento non mancò di insospettire l'ufficiale belga.

Ma ecco l'antefatto. Il maggiore Reinberger era un ufficiale della 7ª divisione paracadutisti tedesca, un'unità molto speciale se si considera che all'epoca il paracadutismo era da tutti considerato un semplice sport del tutto inutilizzabile dal punto di vista militare (solo in Italia nel 1938 era stata fondata la prima scuola di paracadutismo militare a Castel Benito). Reinberger doveva raggiungere in volo Colonia per una missione che gli era stata affidata, ma l'aereo pilotato dal maggiore Hoenmans aveva perso la rotta per la fitta nebbia e aveva dovuto tentare quell'atterraggio di fortuna nel territorio belga perché a corto di carburante. I documenti che Reinberger portava con sé, evidentemente molto importanti visti gli sforzi fatti per distruggerli, erano ora nelle mani dei belgi.

Il giorno seguente a Vincennes, dove aveva sede il comando supremo dell'esercito francese, un ufficiale belga consegnò questi documenti al generale Gamelin. Ed egli scoprì così, con comprensibile sorpresa, che nelle carte recuperate a Mechelen era delineata una grande offensiva che prevedeva l'invasione dell'Olanda e delle Ardenne belghe attraverso cui erano tracciati diversi itinerari, uno dei quali, in particolare, indicava una zona di confine che doveva essere occupata dalla 7ª divisione paracadutisti. Mancava l'indicazione del giorno, ma i belgi erano convinti che doveva essere imminente. Per questo ne informarono gli Alleati.

Naturalmente, l'intero schieramento anglo-francese fu messo in allarme, anche se i comandanti si mostrarono piuttosto increduli. A preoccuparsi di più furono i belgi, che intravidero il pericolo di una nuova violazione della loro neutralità, come era accaduto nella prima guerra mondiale. Il governo belga rafforzò quindi le difese, si disse pronto ad aprire le frontiere agli Alleati e chiese persino delle garanzie a Londra e a Parigi affinché, in caso di invasione, il Belgio e le sue colonie fossero integralmente ripristinati alla fine della ostilità. Il 14 gennaio il generale belga Delvoie si presentò trafelato al comando francese con un messaggio dello stesso re Leopoldo il quale si raccomandava di avvertire il generalissimo Gamelin che l'attacco tedesco era quasi certo per quello stesso giorno. I francesi alzarono le spalle manifestando il proprio scetticismo, ma Leopoldo non si sbagliava.

Negli ambienti dell'alto comando tedesco regnava grande nervosismo. L'offensiva alla quale i comandi inglesi e francesi si rifiutavano di credere stava effettivamente per cominciare, ma non il 14, bensì il 17 gennaio. Hitler aveva scelto di proposito lo svantaggio rappresentato dalle corte giornate invernali perché il freddo rassodava il terreno e favoriva l'impiego dei carri armati. Cosicché, quando Hitler venne informato che due ufficiali erano atterrati in Belgio con i documenti rivelatori ebbe uno scatto d'ira. Le famiglie di Reinberger e di Hoenmans furono arrestate e sottoposte a stringenti interrogatori da parte della Gestapo. Il comandante della 2ª flotta aerea, generale Felmy, fu sollevato dall'incarico e il maresciallo Hermann Göring, comandante della Luftwaffe, fu aspramente redarguito.

Due giorni dopo, l'addetto militare tedesco a Bruxelles, generale Wenningen, chiese e ottenne di intrattenersi con i due prigionieri in colloquio riservato, ignorando che i belgi avevano nascosto un microfono nel parlatorio. Essi udirono Reinberger dare la sua parola d'onore che tutti i documenti di cui era latore erano stati da lui stesso distrutti. Wenningen riferì a Berlino questa informazione tranquillizzante, ma nel frattempo il servizio di spionaggio aveva segnalato movimenti di truppe belghe alla frontiera. Ciò stava a significare che il segreto era stato probabilmente violato e Hitler preferì quindi soprassedere e rinviare l'inizio dell'offensiva. Questo ritardo gli consentì di riformulare il progetto di invasione secondo i nuovi criteri suggeriti da Manstein e Guderian.

A Sedan cantano la «Marsigliese»

Nel pomeriggio del 9 maggio 1940, Maurice Chevalier, il più famoso *chansonnier* di Francia ammirato in tutto il mondo, si esibì con la sua compagnia teatrale in uno spettacolo per le truppe nel settore di Sedan. Il comandante, generale Charles Huntziger, sedeva in prima fila circondato da illustri ospiti civili e militari. Era soddisfatto per il successo della sua iniziativa che aveva raccolto in «prima linea» i più bei nomi dello spettacolo e della politica francese. Chevalier si produsse nell'intero repertorio delle sue canzoni, bissando più volte *Parlez-moi d'amour*. Il finale fu molto patriottico: il celebre *chansonnier* intonò la *Marsigliese* e l'intero uditorio balzò in piedi animato di sacro fuoco per cantarla insieme a lui.

La Francia era in guerra da otto mesi, ma sulla lunga linea del fronte non era accaduto nulla di veramente serio. La guerra guerreggiata si combatteva altrove, lontano dalla Francia e tutti i francesi erano ottimisti sul futuro. Nessuno temeva più l'offensiva tedesca, data tante volte per imminente però mai avvenuta. Quegli otto mesi di *drôle de guerre* avevano alimentato l'illusione che le ostilità si sarebbero alla fine esaurite con lo scambio di qualche cannonata fra la Linea Maginot e la Linea Sigfrido.

Tuttavia, quando all'alba del giorno dopo, 10 maggio, i tedeschi attaccarono di sorpresa anche in Belgio, in Olanda e in Lussemburgo, violando la neutralità dei tre paesi, l'alto comando alleato non si fece cogliere alla sprovvista. Anche se l'aggressione dell'Olanda costituiva una novità rispetto a quanto era accaduto nel 1914, i *boches*, gli ottusi e testardi tedeschi, stavano chiaramente effettuando una banale ripetizione del piano Schlieffen contro il quale erano già state predisposte tutte le necessarie contromisure.

Come era stato convenuto nei recenti accordi segreti con lo stato maggiore belga, il generale Gamelin dispose immediatamente l'invio in aiuto del Belgio di quarantuno divisioni francesi e dell'intero Corpo di spedizione britannico, comandato da Lord John Gort, che aveva raggiunto nel frattempo gli effettivi di oltre 400 mila uomini. Le forze franco-britanniche (complessivamente un milione di uomini) andarono a schierarsi lungo il corso dei fiumi Dyle e Mosa allo scopo di formare uno sbarramento tra Anversa e Sedan per fare fronte ai tedeschi e impedire loro di superare il Belgio per poi puntare da nordovest in direzione di Parigi come era accaduto nel 1914. Sul fatto che l'obiettivo dei tedeschi fosse Parigi i francesi non nutrivano dubbi.

Quanto alla Linea Maginot, chi ancora affidava la propria sicurezza a quella ciclopica barriera di acciaio e cemento armato ebbe modo di convincersi della sua inutilità: i tedeschi non avevano alcuna intenzione di sfondarla. Trovavano evidentemente più facile aggirarla attraverso la «scorciatoia» offerta dai paesi neutrali. Quanto stava per accadere dava dunque ragione a coloro che non avrebbero voluto interromperla a Sedan, ma prolungarla fino alle coste della Manica. Tuttavia, la presenza del forte schieramento di truppe da Sedan ad Anversa consentiva a Gamelin di affrontare la situazione con ragionevole ottimismo.

Il trasferimento in Belgio delle divisioni francesi e del Corpo di spedizione britannico si svolse con grande rapidità senza incontrare ostacoli. La popolazione belga accolse i soccorritori con manifestazioni di gratitudine, e le varie unità raggiunsero le posizioni stabilite senza che la Luftwaffe si facesse viva per contrastare l'operazione. L'inattesa passività dell'aeronautica nemica non mancò di sorprendere Gamelin, che però se ne fece una ragione quando fu informato che essa era impegnata a bombardare le città del Belgio e dell'Olanda. Evidentemente, la Luftwaffe non disponeva degli aerei necessari per impiegarli in altri settori. Nessuno insomma ebbe sentore della trappola che i tedeschi stavano preparando.

La tempesta di ferro e di fuoco scatenata dai bombardieri tedeschi sugli obiettivi belgi e olandesi si stava frattanto rivelando più distruttiva del previsto. Grazie al dominio quasi assoluto del cielo, la Wehrmacht aveva avuto modo di applicare anche sul fronte occidentale i metodi della *Blitzkrieg*. I quali, pur essendo già stati riscontrati in Polonia e in Norvegia, sbalordirono ugualmente i comandi alleati che ancora si ostinavano a sottovalutare l'importanza degli attacchi combinati fra le forze terrestri e quelle aeree. Il tradizionale sistema difensivo olandese, per esempio, che consisteva nella rottura delle dighe e l'allagamento del territorio, non ebbe alcun effetto contro la nuova «arma» impiegata dagli invasori, ossia il paracadute. Piovendo improvvisamente dal cielo, i paracadutisti tedeschi espugnarono i capisaldi e si impadronirono dei ponti e degli aeroporti prima che i difensori avessero il tempo di riaversi dalla sorpresa.

L'occupazione dell'Olanda fu portata a compimento in cinque giorni con l'impiego di una sola delle tre Panzerdivisionen che Hitler aveva opportunamente distolto dal grosso della Panzerwaffe, ma il successo dell'impresa fu dovuto soprattutto all'attacco fulmineo della 7ª divisione paracadutisti comandata dal generale Kurt Student. Il territorio, solcato da canali, dighe e zone allagate, non era favorevole al movimento dei panzer. Fu infatti in Olanda che per la prima volta nella storia della guerra si registrò un attacco su larga scala condotto principalmente da truppe aviotrasportate.

La prima operazione compiuta dai tedeschi fu quella dell'aviosbarco sugli aeroporti dell'Aia per occupare di sorpresa la città e catturare le regina Guglielmina con tutto il suo governo, come si era cercato di fare in Norvegia. Ma, come a Oslo, anche all'Aia l'impresa fallì. La sera del 10 maggio, i paracadutisti tedeschi riuscirono effettivamente a impadronirsi della capitale, però la resistenza degli olandesi li trattenne il tempo necessario per consentire alla regina e al suo governo di mettersi in salvo in Inghilterra.

Gli altri obiettivi dei paracadutisti di Student erano i ponti sulla Nuova Mosa e sugli estuari, nonché gli sbarramenti d'acqua e le fortificazioni che circondavano il vasto territorio comprendente L'Aia, Rotterdam, Amsterdam, Utrecht e Leyda, per consentire il passaggio dei carri armati. Tutti questi obiettivi furono centrati nel giro di poche ore dai paracadutisti, trasportati da giganteschi alianti, ma anche da antiquati idrovolanti che ammararono sul fiume vicino a Rotterdam. Gli olandesi resistettero per alcuni giorni, favoriti anche dall'intervento della VII armata francese, comandata dal generale Henri Giraud. Ma ai difensori mancava il sostegno dell'aeronautica e delle forze corazzate, cosicché la Panzerdivision del generale Georg von Küchler riuscì a passare e a raggiungere i ponti sulla Nuova Mosa, a sud di Rotterdam, di cui si erano già impadroniti i paracadutisti. Il 14, tuttavia, Rotterdam continuava resistere e l'ostinata difesa degli olandesi rallentava il ruolino di marcia prefissato dall'alto comando. A questo punto, Hitler intervenne drasticamente: se gli olandesi non si fossero arresi, avrebbe ordinato il bombardamento della città. Era la prima volta che si prospettava questa eventualità sul fronte occidentale. Per evitare tale catastrofe, von Küchler cercò di scendere a trattative con i difensori e un suo ufficiale attraversò il ponte di Rotterdam con una bandiera bianca per comunicare agli olandesi il rischio che stavano correndo. Ma mentre le trattative erano ancora in corso, i bombardieri e gli Stuka fecero la loro apparizione e si avventarono sul centro di Rotterdam lanciando i loro ordigni mortali. L'intero quartiere residenziale fu spazzato via. Si conteranno un migliaio di morti fra i civili e quasi centomila famiglie rimasero senza tetto. A cose fatte, i tedeschi si scuseranno affermando che per un errore di comunicazione il comandante dello stormo di bombardieri non era stato fermato in tempo.

Intanto, anche il Belgio era stato invaso e i paracadutisti tedeschi si stavano accingendo a compiere un'eccezionale impresa contro il forte «imprendibile» di Eben-Emael che sbarrava l'ingresso alla Francia attraverso il Belgio.

I diavoli verdi

La seconda guerra mondiale vide dunque nascere come nuova specialità operativa il corpo dei paracadutisti, una unità d'élite che nel giro di breve tempo creò attorno a sé una tale fama di audacia e di eroismo che sconfinerà nella leggenda. Dai tempi più antichi, il sogno di affrontare il vuoto planando dolcemente nell'aria aveva sempre affascinato l'uomo. Il primo paracadute era stato addirittura progettato da Leonardo e, con il passare del tempo, erano stati sperimentati i più diversi prototipi, ma senza successo. Nell'Ottocento, il caso più clamoroso fu quello di un sarto parigino che si tuffò dalla Torre Eiffel con un paracadute artigianale. Fu lui il primo paracadutista, ma anche la prima vittima perché l'«ombrello» risultò difettoso e non si aprì.

Durante la grande guerra l'idea di fornire di paracadute i piloti delle prime «macchine volanti» non era stata neppure presa in considerazione. Il contenitore era troppo ingombrante, entrava a malapena nell'abitacolo e non disponeva di pratici sistemi di apertura. Solamente i piloti dei palloni aerostatici disponevano di questo salvagente. In caso di pericolo (un incendio o la «sgonfiatura» del pallone), potevano indossarlo e lanciarsi nel vuoto: l'«ombrello» si apriva grazie a una funicella a strappo agganciata alla navetta.

Negli anni Trenta, il paracadutismo diventò uno sport moderno, rischioso ma emozionante e il paracadute andò sempre più perfezionandosi. Confezionato con seta leggera e ridotto in proporzioni minime, gli aviatori potevano ora indossarlo a zaino senza creare troppo ingombro nella cabina. Fu a questo punto che nelle scuole di guerra cominciò a serpeggiare l'idea di creare delle formazioni di assaltatori capaci di piombare silenziosi alle spalle delle linee nemiche per compiere azioni diversive di commando. L'«effetto sorpresa» tanto agognato dagli strateghi era finalmente a portata di mano.

La prima nazione che realizzò questo progetto fu come al solito l'Italia, quasi sempre pioniera nell'inventare i prototipi ma sempre ultima nel metterli in pratica. Nel 1938, Italo Balbo, il famoso trasvolatore atlantico che Mussolini aveva nominato governatore della Libia, fece il primo esperimento utilizzando come «cavie» alcuni volontari libici del nostro esercito coloniale. L'esperimento ebbe successo cosicché furono i nostri soldati libici a costituire in assoluto il primo corpo militare di questa specialità. L'Italia fu subito dopo imitata dall'Unione Sovietica, ma fu Hitler a intravedere con lungimiranza l'importanza che avrebbe avuto l'impiego dei paracadutisti nelle rapide azioni belliche della *Blitzkrieg*.

Il padre dei *Fallschirmjäger*, i paracadutisti tedeschi, detti anche «diavoli verdi» per il colore delle loro uniformi, fu Kurt Student, un ufficiale dell'aeronautica costretto a rinunciare al volo a causa di una scheggia che gli aveva scoperchiato il cranio. Era infatti chiamato «testa di ferro» per via della placca d'acciaio che riparava la calotta cranica fratturata. Student si dedicò con entusiasmo alla preparazione pratica, ma anche psicologica, dei suoi uomini. Erano tutti giovanissimi volontari che, dopo essere stati perfettamente addestrati, nonché animati da un eccezionale spirito combattivo, costituiranno il fiore all'occhiello della Luftwaffe alla quale appartenevano. Potevano essere impiegati con il classico «lancio» dagli aerei, oppure come truppe speciali d'assalto aviotrasportate dagli alianti.

Hitler li considerava una riserva preziosissima da impiegare solo in casi eccezionali. Durante la seconda guerra mondiale saranno protagonisti di epiche imprese. Più volte decimati, a Creta in particolare, ma anche in Russia, in Libia, a Cassino e in Normandia, negli ultimi mesi della guerra, verranno utilizzati, per necessità, anche come semplice fanteria. Una nota curiosa: furono i paracadutisti di Student che, al comando del maggiore Harald Mors, il 12 settembre 1943 liberarono Mussolini dal Gran Sasso mediante l'impiego degli alianti.

Le trenta ore di Eben-Emael

«Non ho chiuso occhio nella notte fra il 9 e il 10 maggio del 1940» confidò Hitler una sera ai suoi collaboratori rievocando, nel suo quartier generale di Rastenburg, l'inizio dell'offensiva sul fronte occidentale. «Mi teneva sveglio soprattutto la preoccupazione lancinante del tempo che avrebbe fatto l'indomani. E fui preso dalla rabbia accorgendomi, quando si levò il sole, che questo accadeva quindici minuti prima di quanto mi fosse stato assicurato. E tuttavia sapevo dentro di me che le cose sarebbero andate bene. Poi mi giunse la notizia che attendevo con ansia: "Il forte di Eben-Emael è ridotto al silenzio" e "Abbiamo conquistato i ponti sulla Mosa...". Era fatta!»

Rievocando questo episodio Hitler appariva ancora raggiante e ne aveva una buona ragione. Il piano per il fulmineo attacco al forte di Eben-Emael, che era una delle più imponenti fortificazioni moderne costruita dai belgi per sbarrare la frontiera con la Germania, era anche questa volta il frutto esclusivo del suo genio strategico. Si trattò per l'appunto di un'operazione che ottenne un successo così eccezionale da apparire incredibile. Infatti, quando, circa trenta ore dopo l'inizio dell'offensiva tedesca sul fronte occidentale, un laconico comunicato radiotrasmesso dall'alto comando della Wehrmacht annunciò che il forte di Eben-Emael era stato ridotto al silenzio, i comandanti alleati non volevano credere alle proprie orecchie. Solo più tardi, quando l'emittente tedesca precisò che il forte era stato conquistato «grazie a un nuovo metodo di attacco», la notizia, oltre a sbalordire, suscitò in questi anche un profondo sconforto e fosche previsioni per il futuro.

L'enorme complesso di fortificazioni di Eben-Emael era stato giudicato da tutti i più grandi esperti un capolavoro di arte militare. Nessuno aveva rilevato un difetto o quanto meno un punto debole e «forte imprendibile» era stata la sua indiscussa definizione. Di conseguenza, la sua caduta così repentina dopo l'attacco tedesco era per gli Alleati assolutamente inspiegabile. Considerato che non poteva essere attribuita al semplice impiego delle solite armi convenzionali, evidentemente il nemico disponeva di un'arma speciale. Sarà appunto la «misteriosa» conquista del forte di Eben-Emael a dare inizio al tormentone delle «armi segrete» del Führer che angustierà gli Alleati per l'intera durata della guerra.

D'altra parte, il sibillino riferimento al «nuovo metodo di attacco» dava adito a tutte le più romanzesche interpretazioni e gli esperti militari almanaccarono a lungo sull'effettiva consistenza di questo «metodo» sconosciuto e furono diffuse dalla stampa le più fantasiose spiegazioni. Poiché era ancora vivissimo il ricordo dei gas mortali usati nel precedente conflitto mondiale, molti affermarono che i tedeschi avevano evidentemente inventato un nuovo gas che, agendo sul sistema nervoso, paralizzava temporaneamente gli avversari. Altri favoleggiarono di un misterioso «raggio della morte» realizzato dallo scienziato italiano Guglielmo Marconi e da questi donato a Benito Mussolini il quale, a sua volta, lo aveva offerto al suo alleato Adolf Hitler. Insomma, le fantasie si sbizzarrirono a lungo, fino a quando non fu fatta chiarezza: l'«arma segreta» del Führer era semplicemente costituita da un gruppo di ottanta paracadutisti che avevano avuto ragione del forte più potente del mondo compiendo un'impresa che non sarà più uguagliata per l'intera durata della seconda guerra mondiale.

Il forte di Eben-Emael era stato costruito negli anni Trenta contemporaneamente ai lavori di scavo del Canale Alberto, la via d'acqua, profondamente incassata, che collega la Mosa, tra Liegi e Maastricht, ad Anversa costeggiando la frontiera olandese. Questa «frontiera liquida» poteva essere varcata solo attraverso tre ponti, quello più a nord di Veldwezelt, seguito da quello di Vroenhoven e poi da quello di Kanne i quali erano appunto riparati dalla frontiera olandese. In altre parole, se un aggressore proveniente dalla Germania avesse voluto varcare il Canale non avrebbe avuto altra scelta che violare, oltre la neutralità del Belgio, anche quella dell'Olanda.

Nell'altra guerra questo non era accaduto. Per evitare di invadere l'Olanda, le truppe del Kaiser erano sfilate sotto Maastricht marciando poi sull'allineamento Liegi, Namur, Dinant, Charleville. Negli anni Trenta, i belgi speravano ingenuamente che in un'altra eventuale guerra con la Francia i tedeschi avrebbero rispettato la loro neutralità, ma erano quasi certi che almeno quella dell'Olanda non avrebbe corso dei rischi. Tuttavia, per essere del tutto garantiti, avevano costruito il forte di Eben-Emael con la triplice funzione di sbarrare il Canale Alberto a sud di Maastricht, di controllare con il fuoco dei suoi cannoni i tre ponti sulla Mosa e infine di costituire un bastione avanzato del campo trincerato di Liegi e Bruxelles dove, in caso di guerra, si sarebbero concentrati l'esercito belga e le divisioni che verosimilmente i francesi avrebbero inviato in loro soccorso. Per tutte queste ragioni, la conquista di Eben-Emael, che appariva impossibile agli occhi dei pianificatori militari alleati, era invece ritenuta indispensabile agli occhi degli strateghi dell'alto comando tedesco che non intendevano ripetere gli errori del passato.

Eben-Emael era sorto lungo un'ampia vallata, circondata da basse colline, e aveva una forma triangolare con il lato meridionale più corto e tondeggiante. Il suo asse maggiore misurava novecento metri e non era altro che il muraglione occidentale del Canale Alberto, alto quaranta metri. E poiché anche su lato opposto del Canale si elevava un muraglione simile ne derivava che, per questa via, il forte era irraggiungibile. Difficile sarebbe stato infatti gettare un ponte di fortuna fra i due muraglioni distanti sessanta metri e ancora di più farlo sotto il tiro delle bocche da fuoco del forte. Per reagire comunque anche a questa eventualità, due fortificazioni in cemento armato potevano dominare l'intero muraglione con il fuoco incrociato dei cannoni e delle mitragliatrici sia di giorno che di notte grazie all'ausilio dei riflettori. Il lato sud del forte, lungo settecento metri, era fittamente intervallato da torri corazzate e anche gli altri due lati, oltre che dai terrapieni, erano protetti da profondi fossati, nonché da una ventina di opere fortificate, tutte collegate fra loro da corridoi sotterranei blindati a prova di gas. Questi sotterranei erano attraversati da una ferrovia in miniatura capace di trasportare rapidamente uomini e mezzi.

Presidiavano il forte 1200 soldati che avevano a disposizione comodi dormitori, cucine, docce, sale di ricreazione e tutte le altre comodità suggerite per il «benessere del soldato» secondo la moda lanciata dalla Linea Maginot.

L'armamento del forte era formidabile: quattro casematte fisse armate ognuna con tre pezzi da 75 mm, tre cupole blindate rotanti e interrabili con due pezzi da 120 mm ciascuna, due opere corazzate al centro del piazzale con otto mitragliatrici pesanti e una postazione scoperta con quattro cannoni contraerei. Completavano l'armamento pezzi anticarro e cannoni lungo l'intero perimetro esterno del forte e il muraglione del Canale Alberto. Esistevano persino, all'esterno del forte, due poderose cupole armate con finti cannoni di grossissimo calibro destinate a rendere ancor più minacciosa la struttura.

Il problema della conquista di questo forte, peraltro obbligatoria per chi intendeva raggiungere la Francia attraverso l'Olanda e il Belgio, appariva dunque del tutto insolubile. Solo dopo un lungo assedio e al prezzo di molto sangue, forse sarebbe stato possibile neutralizzarlo. I suoi costruttori avevano infatti pensato a tutto. Tranne che a un assalto dal cielo.

D'altronde, allo stato delle pianificazioni militari del 1939, non era mai stato neppure simulato l'impiego tattico dei paracadutisti. Il suo utilizzo per un'operazione bellica era scartato a priori perché le difficoltà e i problemi da affrontare erano troppi: difficile era centrare un obiettivo dopo il lancio degli uomini in discesa libera; complicato liberarsi del paracadute dopo l'atterraggio; affannoso il recupero delle armi lanciate separatamente; disordinato il raggruppamento degli assalitori. Tutto ciò comportava una serie di tempi morti che avrebbero dato agio al nemico di superare la sorpresa e di reagire. Va inoltre aggiunto che un lancio di paracadutisti presupponeva la presenza di aerei a motore il cui sopraggiungere sarebbe stato avvertito dalla contraerea che avrebbe avuto il tempo di entrare in azione sia contro gli aerei stessi sia contro i paracadutisti in discesa.

Tutti questi problemi, considerati di difficile soluzione, erano invece stati risolti dal generale Student quando gli era stato affidato il compito di creare il primo corpo speciale di paracadutisti. «Testa di ferro» aveva selezionato i suoi uomini a uno a uno e li aveva addestrati materialmente e psicologicamente in maniera superba. Mentre negli altri eserciti il paracadute era ancora considerato un ingombrante salvagente per gli aviatori, da usare soltanto in caso di emergenza, la Luftwaffe già disponeva dunque della 7ª divisione paracadutisti pronta all'impiego. I suoi uomini erano stati allenati in segreto a superare tutte le difficoltà inerenti al loro compito. Un sistema di ganci scorrevoli collocato a bordo dell'aereo favoriva la rapidità del lancio al ritmo di 25 lanci in 7 secondi. Il paracadutista in discesa era stato addestrato a centrare obiettivi ristrettissimi «pilotando» il suo ombrello e, una volta a terra, era pronto a riunirsi rapidamente ai compagni e a recuperare le armi, riducendo al minimo i tempi morti.

Quando lo stato maggiore tedesco mise allo studio la presa di Eben-Emael sorsero comunque nuove difficoltà che parevano insormontabili. Un lancio indirizzato sui tre ponti del Canale Alberto risultava un'impresa improba: la disseminazione degli uomini, sia pure ridotta a soli trecento metri, non avrebbe consentito di centrare il ponte preso di mira, mentre il raggruppamento degli stessi per essere pronti all'azione non poteva essere fulmineo. Malgrado i livelli di addestramento raggiunti, occorrevano almeno un paio di minuti per liberarsi del paracadute, altri due o tre minuti per recuperare le armi e ancora cinque o sei minuti per poter affrontare il combattimento. Anche il lancio dei paracadutisti sul «tetto» del forte era giudicato pericoloso se non impossibile. Centrarlo non sarebbe stato facile, molti uomini sarebbero finiti nel canale o dispersi nelle vicinanze. Senza contare infine che, sia sui ponti sia nel forte, i difensori avrebbero avuto il tempo per reagire.

La difficoltà principale era tuttavia rappresentata dal fatto che un lancio di paracadutisti presupponeva la presenza degli aerei a motore. Il loro sopraggiungere avrebbe messo in allarme la contraerea e l'indispensabile effetto sorpresa sarebbe stato annullato. E allora? Da qualunque parte si osservasse, il problema appariva insolubile. Invece, fu trovata la soluzione. C'era l'idea e c'era il mezzo per realizzarla.

Il «mezzo» era il DFS-230, un grande aliante da trasporto ideato dall'ingegnere Hans Jacobs, di cui fu subito intensificata la produzione. L'«idea» era ancora una volta germinata nella mente di Hitler. Poiché i difensori del forte, appena allertati dal sopraggiungere degli aerei, sarebbero stati pronti a falciare i paracadutisti durante la discesa, egli suggerì di coglierli di sorpesa utilizzando i silenziosi alianti. Sganciati dai «rimorchi» a conveniente distanza per non allarmare i difensori, questi velivoli carichi di armati avrebbero potuto planare con il volo a vela fino a raggiungere di sorpresa i rispettivi bersagli con la massima precisione. L'assalto improvviso dal cielo avrebbe disorientato i difensori e consentito ai paracadutisti di conquistare gli obiettivi prefissati prima di ogni reazione. Anche per le cupole d'acciaio e le casematte di cemento armato del forte era stato trovato l'antidoto: le «cariche cave», un esplosivo plastico capace di fondere ogni tipo di corazza.

Fu lo stesso Hitler, con il generale Student, a definire su un modellino di gesso del forte appositamente costruito i punti di atterraggio, la suddivisione dei gruppi d'attacco e i compiti da affidare ai paracadutisti. Ma il Führer fece ancora di più: poiché gli alianti avevano bisogno almeno dell'incerta luce dell'alba per compiere un buon atterraggio, egli fissò l'inizio dell'operazione «al levare del sole, meno trenta minuti». In quel momento, i bagliori del mattino, provenienti da oriente, avrebbero favorito gli assalitori,

L'aliante DFS-230 pesava 770 chili a vuoto ed era capace di portare una decina di uomini armati. Poteva essere trainato da un aereo fino a tremila metri altezza e quindi planare, dopo lo sgancio, per decine di chilometri sotto la guida del suo pilota. Pianificata l'ardita impresa, l'intera Wehrmacht doveva ora adeguarsi alle esigenze di quel plotone di matti che pretendeva di conquistare il forte più difeso del mondo attaccandolo dall'aria come pirati all'arrembaggio di un antico galeone.

L'addestramento del contingente durò alcuni mesi e si svolse nel massimo segreto. Quattrocento uomini, selezionati con ogni cura, furono praticamente tagliati fuori dal mondo. Nessuna licenza, censura strettissima, divieto categorico di parlare anche con altri soldati appartenenti a reparti diversi, pena la morte. Ogni selezionato doveva firmare una dichiarazione di questo tenore: «Sono al corrente del fatto che verrò punito con la fucilazione se darò volutamente o anche per distrazione informazioni orali, scritte o disegnate sul mio posto di servizio e sui compiti che devo assolvere». Due paracadutisti che si erano fatti scappare qualche delicata informazione furono effettivamente condannati alla pena capitale, ma saranno poi graziati dopo lo strepitoso successo dell'operazione. Questo rigore può quindi spiegare anche il disperato tentativo di suicidio del maggiore Reinberger quando fu catturato dai belgi con i piani compromettenti. L'addestramento teorico si svolse su fotografie e su modellini di gesso. Gli uomini dovevano imparare a riconoscere i rispettivi obiettivi contrassegnati da numeri progressivi. L'addestramento pratico si svolse in alcune fortezze cecoslovacche vagamente somiglianti a Eben-Emael. Il piano venne congegnato in maniera che i paracadutisti potessero piombare nello stesso momento su quattro obiettivi diversi: i tre ponti sul Canale e il forte. Il contingente venne poi diviso in quattro gruppi operativi di un'ottantina di uomini ciascuno, così denominati: «Granito», «Cemento armato», «Acciaio» e «Ferro» a seconda delle mansioni a essi attribuite.

«Granito» era comandato dal tenente Rudolf Witzig e composto da 83 uomini imbarcati su undici alianti trainati da altrettanti JU-52. Ogni uomo aveva il suo armamento personale e portava con sé una parte delle due tonnellate e mezzo di esplosivo a disposizione del gruppo. Il compito affidato a «Granito» era di attaccare il forte e di tenerlo fino all'arrivo di un battaglione del genio pontieri che sarebbe stato reso disponibile per l'evento. Gli altri gruppi dovevano impadronirsi fulmineamente dei ponti, indispensabili per consentire il passaggio dei carri, prima che i difensori riuscissero a farli saltare. «Acciaio», comandato dal tenente Altmann, si componeva di 92 uomini distribuiti su nove alianti e doveva occupare il ponte d'acciaio di Veldwezelt, sei chilometri a nord. «Cemento armato», 96 uomini su nove alianti, era comandato dal tenente Gerhard Schacht e destinato al ponte in cemento armato di Vroenhoven. «Ferro», comandato dal tenente Martin Schächter, con 92 uomini su dieci alianti, doveva occupare il ponte di Kanne all'estremo sud del forte. In tutto: 363 uomini e quarantuno alianti. Da notare il grado relativamente modesto degli ufficiali che rivela la giovane età dei partecipanti. Il più «vecchio» era il comandante dell'impresa: il trentenne maggiore Walter Koch, che aveva addestrato personalmente i suoi uomini e assegnato gli incarichi dopo un'attenta valutazione delle caratteristiche di ciascuno di essi. Fino al momento della partenza, nessuno fu messo a conoscenza della destinazione: poteva essere un forte francese o inglese o norvegese, chissà. Neppure gli ufficiali ne erano informati, salvo il maggiore Koch.

Alle 4.30 della notte del 10 maggio, dagli aeroporti di Colonia e di Aquisgrana, i grandi trimotori Ju-52 della Luftwaffe presero il volo trainandosi dietro gli alianti agganciati con lunghi cavi d'acciaio. Volare di notte per circa cento chilometri, con strumenti ancora inadeguati, su un territorio totalmente oscurato per le ovvie esigenze belliche, era un'impresa difficile. Per indicare la rotta agli aerei era stato perciò tracciato un «sentiero luminoso» mediante fonti di luce predisposte lungo il percorso. Ma il «sentiero» terminava al confine germanico, dopodiché, gli aerei dovevano volare alla cieca e quindi sganciare gli alianti che avrebbero planato per circa trenta chilometri verso i rispettivi obiettivi in modo di arrivare tutti insieme nel preciso momento in cui ci fosse abbastanza luce per atterrare, ma non troppa da essere scorti in volo.

Durante il percorso non mancarono gli incidenti. Un aliante, per esempio, si sganciò accidentalmente dal traino e andò a perdersi nella notte, un altro, con a bordo il tenente Rudolf Witzig, comandante di «Granito», dovette invece seguire il suo traino che fu costretto a un atterraggio di fortuna per un guasto. Alle 5.04 gli altri trentanove alianti raggiunsero il punto previsto per lo sgancio con dieci minuti d'anticipo a causa del vento favorevole. La formazione volava a una quota di 2500 metri. Dopo una quindicina di minuti avrebbe avuto inizio l'azione. Si ignorava se i belgi fossero in stato di allarme.

Comandante del forte di Eben-Emael era il maggiore Jean Fritz Lucien Jottrand. Questi, alle 3.10, era stato svegliato da una telefonata del quartier generale di Bruxelles. Erano stati avvertiti i primi segnali dell'imminente offensiva che i tedeschi stavano per scatenare e anche le truppe belghe erano state messe in stato d'allerta. Pochi minuti dopo, gli uomini del maggiore Jottrand avevano già raggiunto i rispettivi posti di combattimento, ma nessuno era allarmato più di tanto. Erano abituati a quelle levatacce notturne provocate dai falsi allarmi. Alle 4 Eben-Emael era comunque in perfetto assetto di combattimento con turni di sentinella raddoppiati e le postazioni guarnite. Centinaia di occhi scrutavano inquieti le tenebre verso la frontiera, ma nessuno alzava gli occhi al cielo.

Verso le 5 si udì un lontano tambureggiare di cannoni e anche il rombo di una formazione d'aerei. I pezzi della contraerea ruotarono all'unisono sulle loro piazzole, ma Jottrand fu informato che non era il caso di preoccuparsi. Si trattava probabilmente di bombardieri di passaggio, forse tedeschi, forse alleati, che stavano violando involontariamente il territorio belga. Infatti tornò quasi subito il silenzio e tutti si acquietarono.

Ma alle 5.15, nell'incerta luce dell'alba, apparvero all'improvviso nel cielo le goffe sagome di grossi velivoli panciuti che planavano silenziosi, a trenta metri d'altezza, come uccellacci notturni in cerca di preda. Per i difensori non ci fu neppure il tempo di dare l'allarme e tanto meno di sparare con la contraerea che già i nove alianti avevano preso terra nel grande spiazzo centrale del forte e vomitato fuori dai portelloni gli uomini di «Granito». Contemporaneamente, anche gli altri alianti erano atterrati vicino ai ponti del Canale e subito dopo, con impressionante rapidità, i paracadutisti balzati fuori dai velivoli avevano puntato con sicurezza verso gli obiettivi numerati e prestabiliti come si trattasse di un'esercitazione.

Il gruppo «Cemento armato» si diresse verso il ponte di Vroenhoven e riuscì a impedire che i belgi lo facessero saltare. Il gruppo «Acciaio» attaccò il ponte di Veldwezelt assolvendo lo stesso compito, ma il gruppo «Ferro» arrivò troppo tardi al ponte di Kanne. I belgi avevano fatto in tempo a innescare le mine.

Superata la sorpresa, i soldati belgi di guardia ai ponti reagirono dovunque, per quanto possibile, ma presto si arresero. La lotta più dura si registrò invece sullo spiazzo centrale di Eben-Emael, dove avevano preso terra gli alianti di «Granito», il cui comandante, ossia il tenente Witzig, era assente perché costretto a un atterraggio di fortuna del rimorchio. Notata l'assenza di Witzig, aveva assunto il comando del gruppo il sergente Erwin Haug e, con i settantacinque uomini che gli erano rimasti, tra raffiche di *machinenpistolen* e lanci di bombe a mano, aveva rapidamente persuaso i serventi ai pezzi delle batterie esterne ad arrendersi. Resisteva però un poderoso blockhaus dove si erano concentrati i difensori del forte e lo stesso maggiore Jottrand.

Erano trascorsi appena dieci minuti: gli assalitori avevano messo a tacere quasi tutte le casematte sullo spiazzo, ma non il blockhaus e neppure le opere collocate nel muraglione e sull'orlo del terrapieno. Avendo ancora le linee telefoniche interne funzionanti, il maggiore Jottrand continuava a dirigere il fuoco martellante delle mitragliatrici, cosicché gli assalitori furono costretti a cercare riparo nelle casematte appena espugnate. Si venne pertanto a creare una situazione di stallo che durò molto a lungo diventando sempre più rischiosa.

Alle 8 del mattino, mentre nel forte la situazione era ancora in equilibrio, un aliante solitario, argenteo nel sole, fece la sua apparizione e andò ad atterrare al centro del «tetto» del forte. Il primo a uscire, seguito dal suo plotone, fu il tenente Witzig. Il pilota dello Ju-52 era riuscito a far nuovamente decollare l'aereo e a rimorchiare l'aliante fino all'obiettivo. Assunto nuovamente il comando, Witzig ordinò ad alcuni suoi uomini di penetrare nelle viscere del forte per far saltare gli impianti e le centrali telefoniche. Altri si dedicarono ai fortini non ancora conquistati, mentre altri ancora si calavano dall'alto del muraglione con grosse funi per collocare le cariche cave sulle cupole d'acciaio delle torrette.

Nel frattempo, gli altri paracadutisti che si erano impadroniti dei due ponti superstiti erano stati raggiunti dalle avanguardie della Wehrmacht e poco dopo intervennero anche gli Stuka per avventarsi contro gli ultimi fortilizi che ancora resistevano. Quando la giornata non era ancora finita, sopraggiunsero le fanterie motorizzate tedesche che presero saldamente possesso dei due ponti dando il cambio agli esausti paracadutisti.

Per quelli di «Granito» invece non ci fu cambio. I combattimenti dentro il forte proseguirono tutto il giorno e anche nella notte successiva. Il battaglione del genio pontieri che doveva prendere il forte in consegna non era riuscito a infrangere le difese del Canale Alberto ed era ancora impegnato a espugnare a uno a uno i nidi di mitragliatrici. Solo alle cinque del mattino, muniti di scale di corda, i pontieri riuscirono a calarsi nel Canale Alberto e a risalire l'altro muraglione mentre dall'alto gli uomini di Witzig cercavano di neutralizzare le cupole ancora attive. A prezzo di forti perdite, 150 pontieri riuscirono alfine a raggiungere la sommità del forte accolti con notevole sollievo dai paracadutisti. Ma i belgi rinserrati nel blockhaus continuavano a resistere.

Quella stessa mattina, una divisione belga che stava marciando in direzione del forte per soccorrere i difensori fu distratta dall'improvviso apparire di una formazione aerea tedesca che effettuò un nuovo lancio di paracadutisti. Circa quattrocento ombrelli si aprirono nel cielo e i belgi si mossero in direzione del loro presumibile atterraggio per accoglierli come si meritavano. Ma mentre si stavano avvicinando, un crepitio di spari, proveniente dal luogo dove i paracadutisti stavano prendendo terra, li obbligò a rallentare la marcia e ad avanzare guardinghi verso il nemico. Andò così perduto molto tempo prezioso e solo più tardi, quando gli spari cessarono, i belgi ebbero modo di scoprire con amara sorpresa di essere caduti in un tranello. I presunti paracadutisti erano in realtà dei fantocci in uniforme muniti di piccole cariche esplosive il cui crepitare li aveva tenuti a distanza. Allo scorno si unì anche la beffa: i pupazzi fatti «prigionieri» avevano disegnata sul volto una risata burlesca. La stessa beffa sarà imitata dagli Alleati durante lo sbarco in Normandia, il 6 giugno 1944.

Frattanto, a mezzogiorno dell'11 maggio, dopo che un nuovo stormo di bombardieri aveva sganciato sul forte alcune tonnellate di esplosivo, da una feritoia dell'ultima casamatta che ancora resisteva fu sventolato uno straccio bianco accompagnato da uno squillo di tromba. Seguirono convulse trattative fra assediati e assedianti e, finalmente, alle 13.30, il maggiore Jottrand uscì dalle macerie per offrire al tenente Witzig la resa dell'intera guarnigione. Su 1200 effettivi, i belgi avevano perduto 20 uomini. Il gruppo «Granito» del tenente Witzig lamentava 6 caduti e 20 feriti.

Mentre i difensori di Eben-Emael deponevano le armi e si mettevano rassegnatamente in riga, le grandi unità della Wehrmacht attraversavano i due ponti superstiti del Canale Alberto per marciare verso il campo trincerato di Liegi dove si stavano velocemente dirigendo anche le truppe di soccorso anglo-francesi.

VII

VERSO L'ATLANTICO

La Francia in trappola

La sera del 15 maggio 1940, cinque giorni dopo che i tedeschi avevano scatenato l'offensiva, l'ex presidente del Consiglio francese Édouard Daladier, che aveva assunto il dicastero della Guerra nel nuovo governo di Paul Reynaud, era tornato nel suo ufficio di rue Saint-Dominique subito dopo una seduta del comitato di Difesa di cui era presidente. Naturalmente era molto preoccupato, come lo erano tutti i francesi, ma non allarmato. Per quanto la guerra nei Paesi Bassi e alla frontiera fosse «partita male», era sicuro che l'esercito francese sarebbe riuscito a raddrizzare la situazione tamponando, come garantivano i notiziari radiofonici, «le piccole brecce» che i tedeschi avevano aperto nello schieramento alleato. Ne avevano discusso a lungo in sede di comitato di Difesa, ed erano giunti a conclusioni piuttosto rassicuranti. L'offensiva tedesca, scattata il 10 maggio, stando a quanto riferiva lo stato maggiore, procedeva secondo le previsioni: i tedeschi stavano effettivamente tentando di ripetere il *déjà-vu*, sferrando l'attacco principale al centro del Belgio per marciare in direzione di Parigi. Ma questa volta avrebbero trovato pane per i loro denti: Gamelin e Gort, i comandanti francese e inglese delle forze alleate, avevano già provveduto a concentrare il grosso delle forze alleate sulla linea del fiume Dyle, fra Namur e Anversa, per arginarli e inchiodarli sul terreno.

Agli occhi dei due comandanti alleati stava dunque delineandosi uno scenario non molto diverso da quello conosciuto ed erano pronti ad affrontarlo. Semmai era la situazione politica europea, nel suo complesso, a non combaciare con quella che si era registrata nel precedente conflitto mondiale. L'apporto militare britannico, per esempio, si era rivelato molto meno generoso di quello offerto alla Francia nel 1914 e anche il quadro delle alleanze risultava alterato. Ora, oltre a esserci un nemico potenziale in più, l'Italia, che costringeva a tenere impegnate sul fronte alpino una ventina di divisioni, c'era anche un importante alleato in meno, la Russia, che ora spalleggiava la Germania. Ciò, purtroppo, non comportava soltanto l'assenza di un «secondo fronte» a est, che nell'altra guerra aveva dissanguato gli eserciti degli imperi centrali, ma anche l'insorgere di un preoccupante «fronte interno» alimentato dai comunisti. Stalin, infatti, in ossequio alla sua fresca alleanza con Hitler, aveva ordinato al Partito comunista francese di battersi contro la «guerra imperialista», di diffondere il disfattismo fra le truppe e di sabotare la produzione delle industrie belliche con una serie di scioperi politici.

I disciplinati comunisti francesi si erano adeguati agli ordini di Mosca: lo stesso Maurice Thorez, segretario generale del partito, aveva disertato il suo posto di combattimento imitato da molti militanti desiderosi di abbracciare i *camarades allemands* come suggerirà trionfante di fare il quotidiano comunista «L'Humanité» quando i tedeschi entreranno a Parigi.

Tornato nel suo studio in rue Saint-Dominique, Daladier aveva ricevuto quella stessa sera, alle 19.45, l'ambasciatore degli Stati Uniti William Bullitt, il quale gli aveva chiesto udienza perché ansioso di conoscere le notizie più recenti. Ma la loro conversazione era appena iniziata quando venne interrotta dal trillo del telefono. Era il generale Gamelin che chiamava Daladier dal suo quartier generale di Vincennes. Il ministro lo ascoltò dapprima disteso, ma subito dopo si incupì e balzò in piedi gridando: «No! Quello che dite è impossibile. Voi vi state sbagliando! Non è possibile! Non è possibile! È assurdo!».

Ansimante e pallidissimo come se tutto il sangue gli fosse defluito dal volto, Daladier ripeté con parole smozzicate tutto ciò che il generale gli riferiva, alternando le imprecazioni ai dinieghi atterriti. Bullitt, che seguiva allibito la conversazione, capì che una colonna corazzata tedesca stava avanzando fra Rethel e Laon diretta a Compiègne, cioè sulla stessa direttiva che aveva fatto tremare la Francia nel conflitto precedente. Lo spettro di una nuova marcia su Parigi si stava quindi riaffacciando improvvisamente davanti ai due uomini sgomenti. Poi seguì uno scambio affannoso di domande e di risposte fra Daladier e il generale Gamelin.

«Bisogna contrattaccare immediatamente, senza perdere un minuto.»

«Attaccare? E con che cosa? Non ho più riserve. Il grosso dell'esercito è intrappolato in Belgio.»

«Non è possibile. È assurdo. Non riesco a crederlo...»

«È così, signor presidente. Fra Laon e Parigi non dispongo di una sola divisione.»

«Ma allora è la fine! È la distruzione del nostro esercito!»

«Sì. È la distruzione dell'esercito francese, signor presidente.»

«Il viso di Daladier» racconterà William Bullitt «era andato contraendosi sempre di più, come divorato da un terribile male interiore. Uscii sgomento da rue Saint-Dominique e telegrafai immediatamente a Washington, al segretario di Stato, Cordell Hull, per informarlo che, a meno di un miracolo come quello avvenuto sulla Marna nel 1918, l'esercito francese sarebbe stato completamente liquidato e la Francia invasa. Aggiunsi che gli inglesi, il cui Corpo di spedizione era ora imbottigliato in Belgio, difficilmente avrebbero arrischiato di sacrificare altre risorse per aiutare la Francia.»

Una seconda mazzata si abbatté su Daladier poche ore dopo. All'alba del 16 maggio, Gamelin gli telefonò ancora per avvertirlo con voce affannata che i tedeschi sarebbero potuti arrivare a Parigi quella sera stessa. Presto anche il generale Hering, comandante militare della capitale, inviò un messaggio urgente al primo ministro Paul Reynaud per suggerirgli che sarebbe stato prudente procedere all'evacuazione delle due Camere nella prevista zona di ripiegamento. Sgomento per quell'annuncio, Reynaud inviò a Winston Churchill, che da appena sei giorni si era installato a Downing Street per sostituire Neville Chamberlain, questo appello disperato: «Ieri sera abbiamo perduto la battaglia. La strada per Parigi è aperta. Inviate tutte le truppe e tutta l'aviazione che potete!».

In realtà, i francesi avevano già perduto la battaglia il 13 maggio 1940, ossia venti ore prima di quando un disfatto Gamelin ne aveva dato notizia telefonica allo sbigottito Daladier e quarantotto ore prima che lo stesso Gamelin, rendendosene finalmente conto, avesse ordinato, nella notte fra il 15 e il 16, la ritirata generale nella speranza di riuscire a salvare almeno una parte del suo esercito. La Francia fu infatti battuta in tre giorni e mezzo, anche se la sua agonia durerà ancora poco più di un mese. Nessuno dei contrattacchi e delle diversioni affrettatamente organizzati da un comando colto di sorpresa riuscì non solo a fermare ma neppure a rallentare la marcia delle Panzerdivisionen sbucate all'improvviso dalla regione boscosa delle Ardenne per piombare su Sedan e Saint-Quentin.

Tutto questo accadde prima che un governo, impazzito di fronte a una sorpresa così spaventosa, potesse in qualche modo porvi rimedio. In quei giorni, insomma, la Francia visse un dramma non molto diverso da quello che vivranno gli italiani l'8 settembre 1943. Con la differenza che gli italiani avevano resistito tre anni e non soltanto tre giorni... Ma come era stato possibile provocare un simile flagello?

Alle 8 del mattino del 10 maggio 1940, dopo il simultaneo attacco tedesco contro Olanda, Belgio, Lussemburgo e Francia, Maurice Gamelin, comandante supremo dell'esercito francese, aveva lanciato alle sue truppe, risvegliate bruscamente dopo otto mesi di pacifica sonnolenza, questo rassicurante proclama: «L'attacco che avevamo previsto sin dall'ottobre scorso è stato sferrato questa mattina. La Germania ha scatenato contro di noi una lotta mortale.

Per la Francia e i suoi alleati le parole d'ordine sono: coraggio, energia, fiducia. Così, come ha detto ventiquattro anni fa il maresciallo Pétain: *Nous les aurons!*».

L'Olanda e il Belgio si arrendono

Dopo la caduta di Eben-Emael, pur avendo difeso valorosamente la loro frontiera nordorientale, i belgi non avevano resistito a lungo alla marea dei mezzi corazzati e delle fanterie della Wehrmacht. Al pari degli olandesi, erano assolutamente impreparati ad affrontare un attacco condotto con una tecnica così rivoluzionaria come quella adottata dai tedeschi. Di conseguenza, le truppe superstiti si erano confuse con quelle francesi e inglesi rinchiuse nella «trappola».

L'Olanda si arrese il 15 maggio, dopo che la regina Guglielmina e il suo governo erano riusciti a riparare in Inghilterra. L'agonia del Belgio durò invece più a lungo. Leopoldo III, che era fratello della principessa Maria José, consorte di Umberto, l'erede al trono italiano, visse giorni terribili. Appena due anni prima aveva sciolto il suo paese dall'alleanza militare che lo legava alla Francia e all'Inghilterra dal tempo della prima guerra mondiale nell'illusione di poterne salvaguardare la neutralità. Colto di sorpresa dall'attacco tedesco, aveva invocato l'aiuto degli ex alleati autorizzando l'ingresso delle truppe franco-britanniche nel paese. Le quali, per la verità, sarebbero comunque entrate nel territorio belga per schierarsi lungo il fiume Dyle come era stato previsto nei piani di difesa. Ma dopo la fulminea caduta del forte di Eben-Emael, traumatizzato dagli avvenimenti successivi e terrorizzato dall'idea che gli Alleati avrebbero trasformato il Belgio in un campo di battaglia come nel 1914, Leopoldo decise di arrendersi ignorando l'opposizione dei suoi ministri. Non volle neppure dare ascolto a chi lo consigliava di trasferirsi in Inghilterra e di creare un governo belga in esilio come aveva fatto la regina d'Olanda. «Io rimango nel mio paese» dichiarò. «Il ruolo del Belgio è ormai terminato. La causa degli Alleati è perduta.» Parole pesanti che saranno ricordate da chi gli rinfaccerà la sua errata previsione. Alle 5 del pomeriggio del 28 maggio il Belgio si arrese «senza condizioni».

In seguito, il governo del paese sarà affidato al movimento fascista di Léon Degrelle e Hitler consentirà a Leopoldo di rimanere con la sua famiglia nel castello di Laeken sotto la vigilanza tedesca, ma come ospite di riguardo. Fu un trattamento di favore? Considerando il comportamento dei tedeschi negli altri paesi conquistati non si può che rispondere affermativamente. D'altronde, sarebbe stato sciocco da parte dei tedeschi non trattare con tutti i riguardi uno stretto congiunto della Casa regnante italiana.

La capitolazione di Leopoldo suscitò viva riprovazione in Occidente. Il capo del governo belga, Hubert Pierlot, rifugiato a Parigi, lo accusò di avere tradito il paese. Winston Churchill, parlando ai Comuni, gli rimproverò indignato di avere preso quella decisione «senza alcuna consultazione preliminare, senza un minimo di preavviso, senza il consiglio dei suoi ministri, di propria iniziativa», mentre il capo del governo francese Paul Reynaud urlava scandalizzato davanti ai microfoni della radio: «Re Leopoldo ha gettato le armi in piena battaglia!» anche se pochi giorni dopo lui stesso e la Francia intera fecero altrettanto.

In seguito, ossia dopo la guerra, quando la vittoria finale degli Alleati consentirà anche ai pavidi di trasformarsi, almeno a parole, in audaci resistenti contro la dominazione nazista e quando i vari sovrani spodestati riconquisteranno felicemente i loro troni, il comportamento del sovrano belga si troverà al centro di aspre polemiche. I suoi difensori sosterranno che Leopoldo aveva agito in modo giusto e onorevole scegliendo di condividere il destino dei suoi soldati e del suo popolo. Al contrario, i suoi accusatori ribatteranno che la resa dell'esercito belga da lui ordinata aveva consentito l'apertura di una falla, fra Ypres e il mare, attraverso la quale le forze corazzate tedesche avevano potuto raggiungere le rive della Manica. Ma non era affatto vero: il minuscolo esercito belga dopo il blitz contro il forte di Eben-Emael non sarebbe stato in grado di ritardare di un'ora l'avanzata irresistibile della Wehrmacht perché quando Leopoldo prese quella drammatica decisione, la situazione generale era effettivamente disperata e non soltanto per il Belgio. Parigi e Londra, pur criticando la defezione di Leopoldo, erano angustiate da altri ben più gravi problemi per trovare il tempo e soprattutto i mezzi per preoccuparsi della sorte del piccolo paese. Malgrado l'invettiva di Reynaud, la Francia era già praticamente al «si salvi chi può» e l'Inghilterra si accingeva a sgomberare il continente per rinchiudersi nelle sue isole e difenderle da una non improbabile invasione.

Leopoldo dunque non aveva avuto altra scelta che l'esilio o la prigionia. Convinto, come lo erano in molti in Europa, che la Germania avrebbe vinto la guerra, aveva scelto la seconda alternativa rassegnandosi a una privilegiata reclusione. Esiliato in Svizzera subito dopo il conflitto, sarà richiamato sul trono soltanto nel 1950 dopo un discusso referendum che dividerà il Belgio a metà. Ma il suo contrastato ritorno provocherà fra la popolazione reazioni così violente che infine sarà indotto ad abdicare in favore del figlio Baldovino.

Blitzkrieg in Occidente

Tre giorni dopo l'inizio dell'offensiva, mentre il comando alleato provvedeva frettolosamente a spedire tutte le forze disponibili lungo il fiume Dyle, fra Namur e Anversa, onde fronteggiare l'urto frontale previsto al centro dello schieramento, nell'alto comando tedesco i generali si fregavano le mani soddisfatti. Gli Alleati stavano cadendo nella trappola. Il generale Halder, capo dello stato maggiore della Wehrmacht, aveva già una chiarissima idea della situazione. Si legge infatti nel suo diario alla data del 13 maggio 1940:

> A nord di Namur possiamo contare sul concentramento completo di circa ventiquattro divisioni inglesi e francesi e di circa quindici divisioni belghe. Contro di esse, la nostra sesta armata

dispone di quindici divisioni sul fronte e di sei in riserva. Siamo quindi abbastanza forti per respingere qualsiasi attacco nemico. A sud di Namur, invece, abbiamo dinnanzi a noi un nemico più debole, con quasi la metà delle nostre forze. L'esito dell'attacco sulla Mosa, a Sedan, deciderà quando e dove potremo trarre vantaggio da questa nostra superiorità, perché dietro questo fronte, il nemico non ha forze degne di nota.

Frattanto, nonostante la grande preoccupazione, le notizie catastrofiche che gli erano giunte dall'Olanda e dal Belgio, i cui eserciti erano già collassati, non avevano turbato più di tanto il generale Gamelin. L'esercito francese era ancora intatto e dal punto di vista quantitativo il suo armamento era equivalente se non superiore a quello tedesco. Il confronto si fa interessante se esaminiamo più da vicino i carri armati. Quelli francesi erano più pesanti, meglio corazzati e meglio armati di quelli tedeschi della classe corrispondente. Nella categoria più pesante, i Pz Kw-4 tedeschi, da 20 tonnellate con corazze da 40 mm erano largamente inferiori ai B1, B1 bis e B1 tris francesi che pesavano 31,5 tonnellate con corazze da 65 mm. Gli unici vantaggi dei carri tedeschi consistevano nella velocità, leggermente superiore, e in una maggiore autonomia. Il 10 giugno 1940 i tedeschi avevano sul campo 2574 carri fra i quali soltanto 278 Pz Kw-4, mentre i francesi, senza tenere conto delle reliquie della prima guerra mondiale e senza contare i mezzi corazzati del Corpo di spedizione britannico, disponevano di 2475 carri di cui 270 da 31,5 tonnellate. Per quanto riguarda l'aeronautica il confronto era invece più favorevole alla Germania. All'inizio dell'offensiva di maggio francesi e inglesi disponevano di 3450 aerei contro i 4500 tedeschi. Ma tali cifre non bastano per suggerire una valutazione equilibrata. Va anche detto che la Luftwaffe disponeva di apparecchi di recentissima fabbricazione nonché di piloti altamente addestrati, mentre la maggioranza degli Spitfire britannici, i più moderni caccia dell'epoca, erano rimasti in Inghilterra per la difesa delle isole britanniche, e buona parte degli aerei francesi non erano all'altezza della situazione.

Come si è già osservato, non era comunque l'efficienza dei mezzi ma la mentalità dei comandanti a porre l'esercito francese in condizioni di inferiorità. Nel campo alleato, il sistema di comando sull'impiego delle grandi unità era stato organizzato come se la guerra in corso fosse semplicemente la continuazione di quella precedente. Il generale Gamelin era il tipico rappresentante di questa superata mentalità. Credeva nella guerra di usura, ossia nel grande «consumo» di uomini, e alla guerra di movimento preferiva quella di trincea per fermare «a colpo sicuro» ogni nemico che si fosse affacciato alle frontiere. Egli era quindi confortato dalla robustezza del suo schieramento: sulla linea del Dyle, dove supponeva che si sarebbe verificato lo scontro principale, disponeva di un milione di uomini bene armati e saldamente posizionati. Contro i quali, secondo le sue informazioni, peraltro non errate, la Wehrmacht contrapponeva appena una ventina di divisioni che, a suo parere, dovevano essere provate dalla lunga marcia sostenuta, mentre il potenziale franco-britannico era ancora fresco e intatto. Poteva quindi bastare da solo a determinare l'esito della battaglia.

Riepilogando la situazione in maniera globale sulla base di una documentazione precisa, le forze in campo erano in effetti così ripartite. I tedeschi disponevano complessivamente di 136 divisioni contro le 149 degli Alleati. Per quanto riguarda i carri armati, questi ultimi godevano di una leggera supremazia, ma i panzer germanici erano, come si è detto, raggruppati in formazioni autonome, mentre i carri francesi e inglesi erano ancora concepiti come appoggio della fanteria e disseminati lungo il fronte senza essere collegati fra loro. Le unità corazzate alleate non erano quindi efficienti quanto le Panzerdivisionen e non disponevano di un'adeguata protezione aerea, mentre la Luftwaffe vantava un'assoluta supremazia.

Il comando franco-britannico era a conoscenza di come la Wehrmacht aveva schierato le sue forze. Alla sua destra il gruppo di armate B del generale Fedor von Bock, al centro il

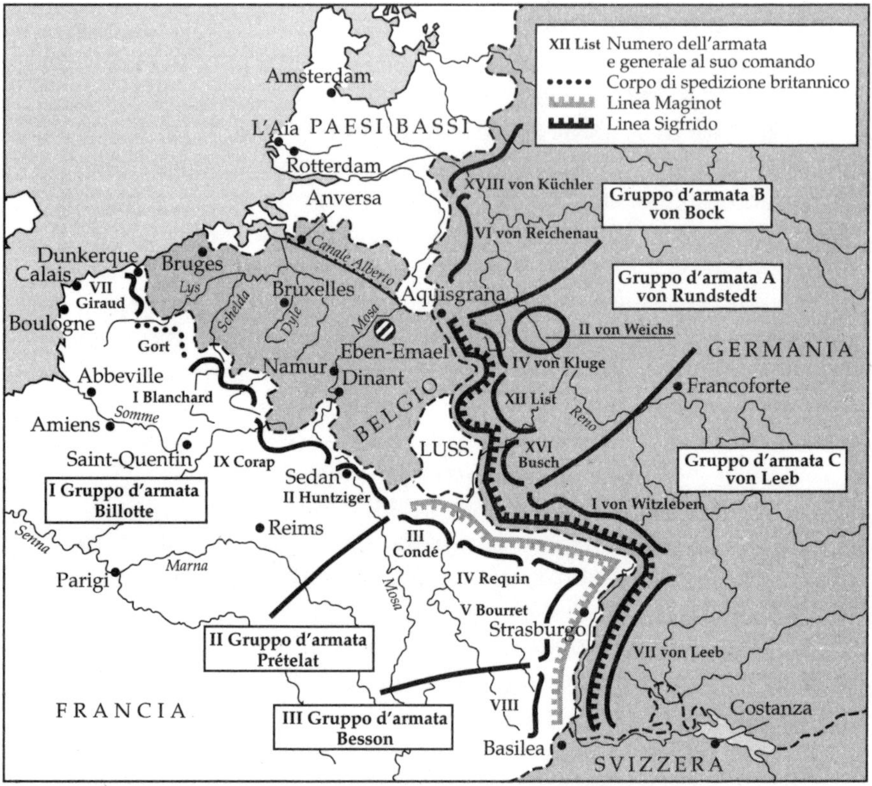

Schieramenti agli inizi dell'offensiva contro la Francia (maggio 1940)

gruppo di armate A del generale Gerd von Rundstedt e sulla sua sinistra, davanti alla Maginot il gruppo di armate C del generale Ritter von Leeb. Ma ignorava che, occultato nella foresta delle Ardenne, si nascondeva un grosso contingente di mezzi corazzati, ossia il Panzerkeil al comando di von Kleist, pronto a essere lanciato contro la cerniera di Sedan.

Il piano Sichelschnitt stava dunque per essere messo in esecuzione, cogliendo il nemico di sorpresa. Lo stesso Gamelin ne aveva favorito il successo inviando in Belgio il grosso delle sue forze con la convinzione di dover affrontare una ripetizione del vecchio piano Schlieffen. D'altronde, la sua errata valutazione era giustificata in quanto riteneva il suo fianco destro protetto dall'impraticabile foresta delle Ardenne. Nell'altra guerra il suo vecchio comandante, maresciallo Pétain, non l'aveva forse definita una «barriera invalicabile»? Ma l'invitto maresciallo non poteva allora immaginare l'impiego intelligente dei moderni carri armati. Né, tanto meno, l'eccezionale addestramento dei carristi tedeschi che erano stati allenati nella Foresta Nera a superare i valloni e a districarsi nella boscaglia per accingersi a violare quella delle Ardenne.

Salta la «cerniera» di Sedan

Alle 13.30 del 9 maggio tutte le forze tedesche vengono messe in stato d'allerta e l'OKW emana le direttive per l'attacco, previsto per la mattina del giorno successivo. Poche ore dopo tutti i reparti ricevono le due parole d'ordine: «Danzig» e «Augsburg». Da quel momento nulla potrà più mutare il corso degli avvenimenti. Guderian ha già raggiunto il suo posto di comando a Sonnehof con i nervi a fior di pelle e carico di adrenalina. «Nessuno, tranne Hitler, Manstein e io» scriverà in seguito «credeva nella riuscita del piano.» Agli ufficiali che gli chiedono quale sarà l'obiettivo dell'azione, lui risponde sbrigativamente: «La Manica», sbalordendo l'intero uditorio. Intanto von Rundstedt lascia il quartier generale di Coblenza per raggiungere il comando del gruppo di armate A situato nella regione boschiva, mentre Rommel scrive alla moglie: «Finalmente facciamo i bagagli e speriamo che non si tratti di un falso allarme. Le notizie le avrai dai giornali, ma stai tranquilla: tutto andrà benissimo». Relegato lontano, a Lehnitz, in amare condizioni di spirito, Manstein apprende da una comunicazione in codice che il «suo» piano sta per essere realizzato. «I miei sentimenti» scriverà «non erano precisamente amichevoli nei riguardi di coloro che mi avevano allontanato nell'ora della battaglia.»

Alle 18 il Panzerkeil di von Kleist lascia i suoi quartieri per dirigersi su quattro colonne verso la frontiera stendendosi in larghezza per circa ottanta chilometri. Tutto procede in ordine perfetto come si trattasse di una gigantesca parata. Alle cinque del 10 maggio, l'intera Wehrmacht entra in azione a sorpresa varcando i confini dei Paesi Bassi e della Francia. Gamelin, appena informato dell'attacco, alle 6.30 ordina di accelerare i movimenti della I armata in modo che possa essere sulla linea del Dyle ventiquattro ore prima di quanto previsto dal piano. È una decisione fatale, perché attraverso la foresta delle Ardenne, alle spalle della I armata francese la trappola si sta delineando in tutta la sua tragica potenza. I blindati di von Kleist, che hanno attraversato il Belgio meridionale e la parte nord del Lussemburgo, si stanno spingendo verso la Mosa, mentre Gamelin continua a impartire ordini febbrili per intensificare la resistenza sul Dyle «*sans esprit de recul*»: il comandante francese non ha avuto ancora percezione delle linee fondamentali dell'attacco nemico. Le colonne blindate tedesche si trovano molto più a est dello schieramento alleato e a impedire il loro attraversamento della Mosa sono rimaste soltanto due divisioni della IX armata di fanteria del generale André Corap, la più scadente delle tre armate francesi.

Per i francesi la sorpresa è dunque completa quando, il 12 maggio, le forze tedesche, dopo avere attraversato con i fari accesi la foresta delle Ardenne, sbucano allo scoperto e riescono senza incontrare ostacoli a piombare puntuali nel pomeriggio sugli obiettivi previsti: Guderian raggiunge Sedan mentre, più a nord, Rommel raggiunge Dinant. Superata la «cerniera», ora i carri devono accingersi a varcare la Mosa prima del calare delle tenebre. Restano quindi soltanto un paio d'ore per realizzare una delle operazioni più difficili dell'arte militare: l'attraversamento di un fiume di fronte a un nemico trincerato.

Protetti dai carri schierati lungo l'argine e dagli Stuka che si avventano contro le postazioni nemiche, entrano a questo punto in azione i guastatori del reggimento *Grossdeutschland*. A piccoli gruppi, i reparti d'assalto attraversano il fiume sotto il fuoco nemico, usando canotti pneumatici e fuoribordo corazzati, ma anche a nuoto, per poi assaltare con bombe a mano e cariche esplosive le casematte francesi. Guderian e Rommel seguono da vicino le operazioni incitando gli uomini con la loro presenza. Ma la partita decisiva la gioca Guderian fra Monthermé e Sedan. I centri di difesa tenuti da riservisti poco esperti e sprovvisti di armi anticarro si dissolvono a uno a uno. Guderian incoraggia i suoi uomini con il suo truculento motto preferito: *klotzen, nicht kleckern!* (non picchiarli, accoppali!). Due ore dopo, i suoi carri sono i primi ad attraversare la Mosa nella zona dove si trova schierato il grosso dell'armata di Corap. Si registrano subito gravi défaillance nelle linee tenute dai francesi, i quali arretrano sempre più, consentendo ai carri di Guderian di costituire una testa di ponte che si allarga paurosamente. Il 14 maggio anche Rommel, che ha ripreso il combattimento fin dall'alba, riesce a passare sulla riva sinistra attraverso i ponti di barche allestiti dai guastatori, ma lo segue soltanto una quindicina di carri. In attesa del sopraggiungere dei rinforzi, si limita a ingaggiare piccoli scontri guidando personalmente i panzer dalla torretta del suo Pz Kw-3. Nel corso del combattimento, anche il carro di Rommel è colpito e rotola in un fosso, ma lui ne esce fuori a quattro zampe con una guancia lacerata da una scheggia e, come un cavaliere d'altri tempi cui è morto il cavallo, balza sul carro più vicino e prosegue l'azione. L'avanzata tedesca continua senza incontrare ostacoli da parte dell'armata di Corap ormai in pieno disfacimento.

Il 15 maggio Rommel raggiunge Philippeville e Cerfontaine impadronendosene di persona. Nel pomeriggio, durante una pausa, si intrattiene conciliante con un gruppo di ufficiali francesi che si sono arresi esprimendosi stentatamente nella loro lingua: la facile vittoria gli ha restituito il buonumore. Ma subito si rabbuia quando uno di questi gli chiede se anche da prigionieri potranno conservare i loro attendenti. Sdegnato, volta loro le spalle. Il 18 maggio raggiunge Cambrai. La sua 7ª Panzer, che ha percorso in cinque giorni 129 chilometri, conta al passivo 35 caduti e all'attivo 10 mila prigionieri e cento carri armati distrutti.

Guderian, che ha aperto la sua testa di ponte più a ovest, spinge i suoi carri lungo la riva sinistra della Mosa in direzione di Saint-Quentin. La costa atlantica è ancora lontana ed egli è consapevole che il suo successo è ancora precario. L'avanzata non è facile perché l'aviazione alleata distrugge i ponti e attacca i carri con il massimo accanimento. Ma nei momenti cruciali, gli Stuka, che non si fanno attendere, gli spianano il terreno tuffandosi con precisione contro le casematte e le batterie ancora attive.

Nelle linee francesi si è aperta una falla di settanta chilometri che in nessun modo sarà possibile colmare per difetto di riserve e per il ritardo nel comprendere la vera portata del disastro. Il comando francese stenta infatti ancora a credere a questa brutale realtà. Ma non è soltanto il comando francese a non crederci, anche quello tedesco è stupefatto, pensa a un errore delle trasmissioni radio e teme il sopraggiungere di brutte sorprese. Quella marcia avventata in territorio nemico potrebbe nascondere una trappola.

La mattina del 15, un ordine perentorio raggiunge Guderian: «Mantenere la testa di ponte sulla Mosa. Trincerarsi e non procedere oltre». A intimargli lo stop è stato il generale von Kleist, il quale non è ancora del tutto convinto della nuova tattica che spinge le formazioni corazzate a incunearsi in profondità nello schieramento avversario. Procedere oltre, comunica Kleist a Guderian, è troppo rischioso. Meglio fermarsi in attesa del sopraggiungere della fanteria. Guderian obbedisce, ferma i suoi carri, ma poi balza infuriato sulla sua «cicogna» e piomba nel comando di Kleist. Qui giunto, protesta, discute, cerca di convincere il superiore che, interrompendo l'avanzata, i frutti della sorpresa andranno perduti. Ripete, come ha già detto in Polonia e come ripeterà in Russia, che i suoi carri stanno penetrando nel territorio nemico come una baionetta in un pane di burro. Che fermarli sarebbe pazzesco. Ma è tutto inutile.

Kleist, ostinato, ribadisce il suo ordine. È convinto che Guderian stia correndo verso il disastro. Prevede che le colonne corazzate che si stanno avventurando nella pianura della Francia settentrionale verranno certamente tagliate fuori e distrutte un carro dopo l'altro. Kleist, insomma, non intende assumersi questa responsabilità. Guderian lo ascolta in silenzio, sembra arrendersi, si mostra rassegnato e quindi saluta imbronciato il suo superiore. Risalito sul piccolo aereo, torna al suo posto di combattimento, ma appena giunto, anziché eseguire ordina ai carri di proseguire l'avanzata. Kleist, informato dell'insubordinazione, gli toglie il comando minacciando di deferirlo alla corte marziale. Ma Hitler, che è stato informato da von Rundstedt di quanto sta accadendo, gli restituisce immediatamente il comando con una secca telefonata e Guderian, soddisfatto, continua la sua corsa verso il mare. Per risolvere una controversia che in un esercito tradizionale avrebbe comportato chissà quante complicazioni, sono occorse appena tre ore.

Guderian è ancora in marcia: ogni resistenza organizzata viene travolta di slancio e i suoi panzer proseguono la corsa alla media di 60 chilometri l'ora sospingendo ai lati una enorme folla di profughi che fugge dalle proprie case. Il 20 maggio la meta è raggiunta. La folle corsa è terminata chiudendo in una enorme sacca un milione di soldati nemici. Ora i carristi di Guderian possono finalmente riposare e stendersi al sole a torso nudo sulle rive della Manica. Ridono, cantano e suonano la fisarmonica: l'ebbrezza della vittoria gli ha fatto dimenticare la fatica.

Il vecchio Pétain richiamato alle armi

Il mito dell'invincibilità francese, nato oltre vent'anni prima con le battaglie della Marna e di Verdun, era dunque andato in frantumi. Dopo la rottura operata dalle Panzerdivisionen, anche la Wehrmacht si era messa in movimento. Superata la Mosa, falciate le ormai fatiscenti armate francesi schierate a sud del fiume, il grosso delle forze alleate era ora rinchiuso in

Belgio in una trappola fatale. La prima fase dell'operazione Sichelschnitt era conclusa. Il 20 maggio, dopo solo dieci giorni dall'inizio delle ostilità, l'accerchiamento dell'esercito nemico era stato portato a compimento con pieno successo. Le forze di von Rundstedt avevano intanto coperto 290 chilometri ed erano ora schierate lungo la Somme, chiudendo in una immensa sacca, dalle Fiandre al mare, oltre alle 45 divisioni della I armata francese, l'intero Corpo di spedizione britannico di Lord Gort e alcune superstiti divisioni belghe.

Soltanto il 17 maggio il comando francese si era finalmente reso conto di essere caduto nella trappola, ma ormai non era più possibile riparare i danni. L'errata presunzione che i *boches* avrebbero cocciutamente ripetuto la stessa operazione di ventisei anni prima era stata la causa principale dell'irreparabile disastro. Troppo tardi si erano accorti che l'obiettivo immediato delle armate di von Rundstedt non era Parigi, bensì la costa atlantica.

Nel frattempo, mentre il comando francese brancolava nel tentativo di organizzare una resistenza plausibile, il capo del governo, Paul Reynaud, aveva avvertito il bisogno di associare alle responsabilità di governo in quell'ora suprema anche colui che simboleggiava la gloria militare della vecchia Francia. Il vecchio maresciallo Henri-Philippe-Omer Pétain, che nell'altra guerra aveva salvato la Francia, venne infatti chiamato a far parte della compagine governativa. Non fu una mossa felice. L'illusione di rinsaldare l'unità della classe dirigente francese di fronte alla drammaticità degli eventi era infatti basata su un equivoco. Pétain era un vegliardo di ottantatré anni perduto nei ricordi del suo glorioso passato e ancorato a concezioni di vita ormai superate. Legato da sempre alla destra conservatrice e reazionaria, non aveva mai nascosto le sue simpatie per i governi autoritari e la sua inclinazione verso un compromesso con la Germania nazista. Difatti, dopo l'occupazione della Francia accetterà di assumere la presidenza del governo collaborazionista di Vichy. A guerra finita, sarà condannato a morte, ma poi graziato per volontà del generale De Gaulle che, nell'altra guerra, era stato un suo fedele subalterno.

Fin dalla sera del 15 maggio quando, dopo le catastrofiche notizie giunte dal fronte, Paul Reynaud, chiedendo di intensificare l'appoggio aereo, aveva inviato a Churchill un altro disperato messaggio («Siamo sconfitti! Siamo stati battuti!»), si era frattanto delineata anche una profonda incrinatura psicologica fra Londra e Parigi. Il governo francese invocava l'invio di altre forze, ma quello inglese riluttava a gettare altri uomini nella fornace.

Churchill racconterà nelle sue memorie di avere stentato a credere che il grande esercito francese fosse stato sconfitto in così breve tempo. Nei giorni seguenti, mentre la rotta si profilava, nei comandi militari francesi regnava il caos. I comandanti di settore chiedevano disposizioni al comando generale per sentirsi rispondere vagamente: «Agite per il meglio...». Il blitz tedesco era ormai inarrestabile: confusione e scoramento si abbattevano sulle truppe. Peraltro, i francesi erano ancora attanagliati dal timore che la Wehrmacht puntasse su Parigi, cosicché alla dura sconfitta continuava ad aggiungersi anche l'errata valutazione della situazione. Per la difesa della capitale venivano diramati ordini contrastanti che accrescevano la confusione e il panico. Nessuno sperava più nel «miracolo della Marna», ossia di quando, nel 1914, Parigi era stata salvata dalle truppe fresche e dai volontari che avevano addirittura requisito tutti i taxi di Parigi per correre al fronte.

Circolavano intanto le voci più allarmanti. Si parlava di fucilazioni indiscriminate ordinate da generali impazziti, di battaglioni composti da operai della «cintura rossa» parigina che si rifiutavano di continuare a combattere. E anche di armi e di proiettili che erano stati resi inefficaci dal sabotaggio dei comunisti. Addossare ogni colpa ai comunisti era d'altronde un'ottima scusa per giustificare i madornali errori compiuti da una casta militare inetta e presuntuosa. A questo proposito aveva avuto vasta eco un'indiscrezione giornalistica proveniente da Roma, relativa alla presenza in Francia di una «quinta colonna» comunista che operava a favore dei tedeschi. Era infatti accaduto che, durante un ricevimento, l'ambasciatore sovietico nella capitale italiana aveva attribuito la disfatta francese alla presenza nell'esercito di settecentomila soldati comunisti che desideravano far vincere l'alleata dell'Unione Sovietica. In realtà, si era trattata di una semplice spacconata del diplomatico sovietico che aveva alzato troppo il gomito, tuttavia anche questa voce contribuì ad aumentare la confusione.

Winston Churchill giunse in volo a Parigi il 16 maggio scortato da uno stormo di Hurricane. Reynaud insistette con il premier britannico affinché la RAF inviasse tutti gli aerei disponibili, ma Churchill da questo orecchio non ci sentiva. Cercò infatti di spostare la conversazione sull'argomento principale: come tamponare la falla apertasi a Sedan. Era convinto che Gamelin, da buon stratega, avesse ammassato una consistente riserva a sud della breccia, ma questi allargò le braccia: «Non disponiamo di nessuna massa di manovra» confessò sconsolato.

«Rimasi di stucco» scriverà in seguito Churchill. «Era inaudito che un grande esercito non tenesse truppe di riserva. Riconosco che questa fu una delle più amare sorprese della mia vita.» Churchill non rivela quali furono i suoi pensieri in quel drammatico momento. D'altronde, le memorie dei grandi personaggi non sono mai veritiere quando affrontano i temi più scabrosi, ma i fatti riveleranno che, in quel momento, a Churchill non importava più di aiutare la Francia: la riteneva irreparabilmente perduta. Gli importava invece di mettere in salvo il Corpo di spedizione britannico intrappolato in Belgio prima che la Wehrmacht provvedesse al suo annientamento.

Il 19 maggio, quando i tedeschi avevano già rivelato qual era il loro obiettivo, Gamelin fu silurato da Reynaud e il generale Maxime Weygand fu chiamato a sostituirlo. Weygand era un altro «grande vecchio» dell'esercito francese. Aveva settantatré anni e godeva ancora della gloria che si era conquistato durante la prima guerra mondiale come braccio destro del maresciallo Ferdinand Foch, comandante supremo delle forze alleate. Ma, in effetti, era anch'egli un vecchio generale assolutamente tagliato fuori dalle nuove concezioni belliche. Appena pochi mesi prima dell'inizio della guerra aveva condannato le tesi del colonnello De Gaulle sull'impiego delle forze corazzate e aveva garantito che la Francia disponeva di un esercito che «non era mai stato meglio equipaggiato e meglio comandato».

Weygand era comunque ancora speranzoso di salvare il salvabile e aveva ordinato al generale Gaston Billotte, comandante del I gruppo d'armata, l'unica ancora efficiente tra quelle rimaste in Belgio, di sferrare una controffensiva contro il nemico che, a suo parere, era «a corto di fiato». Secondo il suo piano, contemporaneamente alla controffensiva di Billotte, si doveva effettuare da sud una pressione per schiacciare le forze tedesche attestate sulla Somme. Ma il 22 maggio, quando il piano di Weygand cominciava prendere forma, Billotte morì in un incidente d'auto senza lasciare una nota scritta circa le misure concordate con gli inglesi. Il suo successore, generale Henri Giraud, poche ore dopo averlo sostituito al comando era caduto in un'imboscata ed era stato fatto prigioniero dai tedeschi con tutto il suo stato maggiore. Da quel momento era venuto così a mancare ogni coordinamento fra inglesi e francesi. Il generale Blanchard, successore di Giraud, aveva avvertito Weygand di non essere più in grado di aprirsi un varco per uscire dalla trappola, mentre Lord Gort aveva ordinato al suo Corpo di spedizione, ancora intatto, di concentrarsi attorno a Dunkerque con la speranza di poterlo riportare in salvo in Inghilterra.

VIII

L'ITALIA IN GUERRA

Mussolini ci ripensa

Neppure il fulmineo inizio dell'offensiva tedesca contro la Francia aveva indotto Mussolini a uscire dalla comoda nonbelligeranza. Egli sopravvalutava la potenza dell'esercito francese e temeva, o forse in cuor suo sperava, poiché continuava a invidiare gli strepitosi successi del suo alleato, che i francesi non si sarebbero lasciati conquistare tanto facilmente come avevano fatto i polacchi e i norvegesi. Il «miracolo della Marna» veniva spesso rievocato nei suoi conversari con Ciano e con Badoglio. Era ancora convinto che i francesi sarebbero riusciti a bloccare la marcia della Wehrmacht costringendola a una guerra di posizione come era già accaduto. E tale prospettiva non gli tornava sgradita.

D'altra parte, Mussolini aveva partecipato di persona alla prima guerra mondiale, aveva seguito gli svolgimenti di quel conflitto e conservato un ammirato ricordo della tenacia dimostrata dai francesi che per due volte, sui campi di battaglia della Marna e di Verdun, avevano respinto, al costo di paurosi bagni di sangue, le armate tedesche giunte alle porte di Parigi. «Ci sarà una seconda Marna» si ostinava a ripetere quando gli giungevano gli echi delle vittorie conseguite dalla Wehrmacht.

Con il passare dei giorni, cadenzati dagli strepitosi successi del blitz germanico, la disfatta dell'esercito francese, che si stava rivelando sempre più incontenibile, aveva cominciato a suscitare molti ripensamenti anche nei circoli politici romani. Determinante in tal senso era stata la «sorpresa» di Sedan. Fino ad allora, le speranze delle «colombe» del regime si erano concentrate sull'inviolabilità della Maginot. «Un attacco a questa linea fortificata» aveva sentenziato appena pochi giorni prima il capo di stato maggiore Pietro Badoglio «sarebbe destinato all'insuccesso. Il suo sfondamento richiederebbe comunque un'azione di almeno quattro mesi e il sacrificio di un milione di uomini.» Ma l'inatteso aggiramento della Maginot e la rapida penetrazione in territorio francese dei carri di Guderian e di Rommel avevano fatto mutare l'opinione degli strateghi nei salotti romani. «Nel mondo politico» annotava malinconicamente in quei giorni Ciano «si assiste a una corsa affannosa per prendere le tessere retrodatate di interventismo, di germanofilia e simili. Se alle notizie ottimistiche ne succedessero altre meno buone, ci sarebbe da ridere.»

Ma c'era poco da ridere. Il precipitare degli eventi dovette rammentare a Ciano l'ammonimento che appena due mesi prima gli aveva rivolto von Ribbentrop per spronare l'Italia all'intervento, e che lui aveva liquidato come la solita spacconata del rozzo gerarca nazista. «A primavera» gli aveva preannunciato il tronfio ministro degli Esteri tedesco «scateneremo l'offensiva. L'esercito francese sarà distrutto e il Corpo di spedizione britannico liquidato. I soli inglesi che resteranno sul continente saranno i prigionieri di guerra.»

Gli echi del blitz avevano progressivamente registrato anche una sempre più vasta risonanza nella stampa e sugli schermi cinematografici. Il cinegiornale «Luce», prologo obbligatorio di ogni film, suscitava commenti ammirati e anche applausi spontanei quando venivano proiettati gli spezzoni del cinegiornale tedesco, che riproducevano le scene di guerra riprese dagli operatori germanici con eccezionale maestria. Anche nel campo cinematografico i tedeschi parevano infatti imbattibili. I loro filmati erano di un realismo coinvolgente. Grazie a una tecnica d'avanguardia, portavano lo spettatore «dentro» l'azione: ora nella cabina di pilotaggio dello Stuka in picchiata, ora sulla torretta del panzer in combattimento. Se poi si aggiunge che alcune di queste scene erano addirittura girate a colori, una novità assoluta, è facile immaginarne gli effetti. Vista attraverso gli schermi, la guerra, insomma, non faceva più paura, anzi elettrizzava gli spettatori e affascinava soprattutto i giovani.

Tutto ciò aveva contribuito a creare anche nell'opinione pubblica italiana una psicosi interventista mai registrata prima. Ora non erano più soltanto i «falchi» del regime a chiedere l'intervento. La documentazione visiva dell'inarrestabile potenza della macchina bellica tedesca aveva rapidamente diffuso la convinzione che il conflitto stava per finire con una clamorosa vittoria del nostro alleato. Masse di studenti imbaldanziti affollavano le piazze gridando «Guerra! Guerra!», mentre tutti, indistintamente, ritenevano che fosse il caso di affrettarsi a salire sul carro dei vincitori. Persino negli ambienti industriali più cauti si giudicava un errore gravissimo lasciare che i tedeschi vincessero la guerra da soli. Anche la Corte, dopo molti tentennamenti, si era schierata su questa linea. «Gli assenti hanno sempre torto» ammoniva Vittorio Emanuele III. E, per sottolineare il suo avvicinamento alla Germania, aveva offerto il Collare dell'Annunziata, una onorificenza che autorizzava il portatore a considerarsi «cugino del Re», a quell'ambizioso del maresciallo Göring che da tempo la richiedeva, ma al quale era stata sempre negata. Non si può neppure sottacere, anche se la cosa potrà ancora provocare qualche sordo brontolio, che persino i comunisti italiani in carcere o al confino (salvo Umberto Terracini, che era stato addirittura espulso dal partito per avere osato condannare il patto Hitler-Stalin) seguivano con ansia partigiana lo svolgersi degli avvenimenti.

Tutti, insomma, in Italia scommettevano sulla vittoria tedesca. A quel tempo i sondaggi non andavano ancora di moda, ma Guido Leto, il capo della polizia politica (OVRA), che aveva il compito di tastare il polso degli italiani, in quei giorni segnalava sul «mattinale» riservato al Duce: «Come nel 1939 si rilevava il quasi unanime dissenso verso l'avventura bellica, così, nella primavera del 1940, si registra un rovesciamento della pubblica opinione, presa da un ossessionante timore di arrivare troppo tardi».

Mussolini, fino a quel momento, aveva mantenuto la sua condotta altalenante. A parole, continuava ad assicurare Hitler di essere pronto all'intervento, ma con i fatti si industriava ad allontanarlo nel tempo perché consapevole che il nostro esercito era assolutamente impreparato ad affrontare il conflitto. «Mussolini» annotava Ciano nel suo diario «non intende entrare almeno per ora in guerra. Mi ha detto: "Farò come Bertoldo. Accettò la condanna a morte a condizione di scegliere l'albero adatto per esservi impiccato. Inutile dire che quell'albero non lo trovò mai. Io accetterò di entrare in guerra riservandomi la scelta del momento propizio. Io solo intendo esserne giudice, e molto dipenderà dall'andamento della guerra".»

In quei giorni Mussolini era soprattutto ossessionato da due paure. Innanzitutto temeva che, sganciandosi dall'alleanza, l'Italia tornasse ancora una volta nel novero degli eterni traditori dei propri alleati. In secondo luogo, temeva di vedere il «camerata» tedesco raccogliere allori militari e impinguarsi di conquiste lasciando l'Italia non solo a mani vuote, ma anche esposta alla pericolosa inimicizia, o peggio, al rancore di un Hitler vittorioso e desideroso di vendicarsi.

Se si deve credere ai documenti venuti alla luce nel dopoguerra, sarebbe stato proprio il timore di essere accusato di fellonia ad avere la prevalenza nell'animo del Duce. L'uomo che si era impersonificato nella figura del condottiero, leale e vittorioso, era gelosissimo di questa sua immagine artefatta. Bastava infatti che venisse sollevata una sola ombra, o una battuta ironica sul suo comportamento, per provocargli reazioni rabbiose. E questo, purtroppo, stava accadendo. Dalla Germania gli arrivavano molte informazioni riservate circa il disprezzo manifestato dai gerarchi nazisti nei confronti dell'incerto alleato italiano. In una relazione che gli venne inviata dal nostro addetto militare a Berlino, generale Luigi Efisio Marras, questi gli riferiva che del nostro tradimento già si parlava a tutti i livelli. E non solo: i gerarchi nazisti ironizzavano addirittura sul fatto che se l'Italia non fosse intervenuta nel conflitto sarebbe stato un vantaggio per la Germania. Altrimenti si sarebbe reso necessario non solo rifornire gli italiani di armi e di materie prime, ma anche correre sui vari fronti per porre riparo alle loro sicure sconfitte... Una sarcastica previsione che, purtroppo, si avvererà.

Analoghi scatti d'ira provocavano in Mussolini le denigrazioni della stampa anglosassone. Andò per esempio su tutte le furie quando gli venne segnalato l'articolo pubblicato da un quotidiano britannico nel quale si affermava che Mussolini era «un ruffiano napoletano che cercava di vendere la sua donna, l'Italia, al miglior offerente». Per poi aggiungere che questa donna «era la più grande prostituta europea». Nel leggere quel giudizio, la rabbia di Mussolini era esplosa incontenibile. «Non mi turba il pensiero di uscire a mani vuote da questa congiuntura!» aveva esclamato. «Né mi preoccupano tanto le vendette di Hitler. Mi avvilisce invece l'idea che, dopo vent'anni di fascismo, gli italiani possano ancora confermare di sé, di fronte al modo intero, l'immagine di un popolo incapace di battersi e pronto a tradire i suoi alleati!»

Lo infastidivano, nello stesso tempo, anche coloro che gli suggerivano di attendere furbescamente il momento opportuno prima di salire sul carro del vincitore. In effetti, era proprio questo che lui pensava, ma riteneva umiliante sentirselo suggerire. Scrive Ciano nel suo diario:

> Al ritorno da un colloquio con il sovrano il Duce ha detto: «Il Re vorrebbe che entrassimo in guerra solo per raccogliere i *post cassés*, i cocci. Basta che prima non ce li rompano in testa! È invece umiliante restare con le mani in mano mentre gli altri scrivono la storia. Perché poco importa chi vince. Per fare grande un popolo bisogna portarlo al combattimento, magari a calci in culo. Così farò io. Non

ho dimenticato che nel '18 in Italia c'erano 540.000 disertori. D'altra parte, se non cogliamo questa occasione per misurare la nostra marina con quella inglese e con quella francese, perché dovremmo avere 600.000 tonnellate di naviglio? Basterebbero dei guardacoste e dei panfili per portare in crociera le signorine».

Da parte loro gli Alleati, forse perché non speravano più in un ribaltamento delle alleanze, pare facessero a gara per irritare Mussolini. Grave fu, per esempio, la decisione di Londra di rompere i buoni rapporti con Roma, imponendo il blocco navale anche al nostro naviglio mercantile. L'Italia soffriva di una grave carenza di carbone, che all'epoca era più prezioso del petrolio. Ne importavamo dalla Germania 12 milioni di tonnellate l'anno. A partire dal 1° marzo 1940, l'Inghilterra decise di bloccare le nostre navi cariche di questo minerale provenienti dalla Germania. Poi, con scarsa delicatezza, Londra propose a Roma dell'ottimo litantrace britannico in cambio di armi e di materiale bellico. Mussolini respinse sdegnato l'offerta ricattatoria a costo, disse, «di mettere in crisi la bilancia dei pagamenti». Preoccupato per le conseguenze di questo infelice tentativo, l'ambasciatore inglese Percy Loraine intervenne personalmente per riparare i danni e fece pressione a Londra affinché togliessero il blocco. Sottolineando che il ministro degli Esteri Galeazzo Ciano lo aveva avvertito «che tali misure erano di quelle che spingono l'Italia nelle braccia dei tedeschi» (questi infatti continueranno a rifornire l'alleato per via ferroviaria attraverso la Svizzera). Quando poi gli inglesi, invece di mutare atteggiamento giunsero a intensificare il blocco confiscando in un solo giorno tredici carboniere italiane, Mussolini, sempre più indignato, si sfogò con Ciano: «Tra poco i cannoni spareranno da soli! Non è possibile che io, proprio io, sia diventato lo zimbello dell'Europa. Non faccio che ricevere umiliazioni. Ma appena sarò pronto farò pentire gli inglesi. Il mio intervento in guerra significherà la loro sconfitta». A questo punto, per placare le ire di Mussolini, il ministro degli Esteri britannico Halifax ordinò il rilascio dei tredici mercantili, ma il danno era ormai fatto.

L'incontro di Mussolini con Sumner Welles

Mussolini era in questo stato d'animo quando, pochi giorni dopo, ricevette la visita del sottosegretario di Stato americano Sumner Welles, al quale il presidente Roosevelt aveva affidato una missione mediatrice. Welles si era incontrato precedentemente con Galeazzo Ciano ed era rimasto sbalordito per la situazione che aveva trovato al vertice del nostro paese. Il ministro degli Esteri, che era genero del Duce e anche considerato il suo vice, si era rivelato con lui una «degna persona», semplice e aperto nell'esprimere i suoi punti di vista che erano contrari all'ingresso dell'Italia nel conflitto. Mussolini invece non gli aveva nascosto le sue intenzioni bellicose e neppure la disistima che provava per gli Stati Uniti. Aveva infatti accolto con un'alzata di spalle infastidita la proposta avanzata da Roosevelt per un loro incontro alle isole Azzorre e, dopo avere espresso il suo risentimento per il blocco navale contro i nostri rifornimenti di carbone tedesco, aveva difeso le tesi di Hitler, pur lasciandosi scappare un vago accenno all'eventualità di una conferenza internazionale per «un patto a quattro che potrebbe assicurare una lunga pace». Nella quale tuttavia forse non sperava più neppure lui.

L'incontro con Sumner Welles non modificò l'opinione che Mussolini nutriva nei confronti degli Stati Uniti. «Con gli americani è impossibile qualsiasi intesa» disse a Ciano. «Sono inaffidabili. Perché giudicano i problemi in superficie, mentre noi li giudichiamo in profondità.» Come Hitler, anche Mussolini sottovalutava la potenza americana e non le assegnava alcun peso, né politico, né militare. Al pari di tutti gli italiani di allora, anche per lui gli Stati Uniti erano un paese giovane e immaturo di cui si era soliti sorridere per le stravaganti «americanate». D'altronde, anche i francesi e gli inglesi erano più o meno dello stesso parere. Consideravano gli Stati Uniti una importante fonte di rifornimenti e, casomai, una eventuale riserva di carne da cannone come era accaduto nel 1917, ma niente di più.

Per spiegare questa errata convinzione degli europei sul conto dell'America, vale forse la pena di anticipare un singolare aneddoto storico. L'11 dicembre 1941, dopo l'attacco giapponese alla base navale americana di Pearl Harbor, anche la Germania e l'Italia entrarono, come è noto, in guerra contro agli Stati Uniti per il rispetto di quanto stabilito dall'alleanza dell'Asse Roma-Berlino-Tokyo. Ebbene, quel giorno Mussolini annunciò l'allargamento del conflitto oltre l'Atlantico con il tono di chi non si rendeva assolutamente conto di cosa avrebbe potuto significare l'intervento nel conflitto di questo nuovo nemico che ci eravamo inconsapevolmente procurati. Infatti, dopo avere ascoltato il discorso del Duce, il giornalista Giovanni Ansaldo aveva chiesto sbalordito a Galeazzo Ciano con il quale era in rapporti confidenziali: «Ma tuo suocero ha un'idea di cos'è l'America? Mostragli per favore l'elenco telefonico di New York... Forse capirà». L'annuario telefonico newyorchese del 1941 era già più grosso di un dizionario, mentre quello di Roma era composto di appena trentadue pagine.

Quali erano le vere intenzioni di Mussolini?

Ma tutto questo accadrà in seguito, quando Mussolini, dopo avere trascinato l'Italia in una disperata avventura senza ritorno al fianco della Germania, non sarà più in grado di controllare gli avvenimenti essendosi ormai legato a Hitler senza conservarsi una via d'uscita. Nella tarda primavera del 1940 tutto era ancora possibile. Un suo ripensamento avrebbe potuto cambiare la storia. Invece...

Tutti gli storici che hanno tentato di indagare nei pensieri che affollavano la mente di Mussolini in quelle ultime settimane di nonbelligeranza si sono dovuti arrendere di fronte a questo aspetto che resta ancora irrisolto. Sono state avanzate soltanto delle supposizioni, spesso fra esse in contraddizione, ma non è mai stata fatta chiarezza perché non sono mai emerse documentazioni o testimonianze convincenti. Neppure il supercitato diario di Ciano, per molti versi veritiero, può essere considerato in questo caso una fonte attendibile. Mussolini si sfogava spesso con il genero, ma certamente non gli confidava i suoi disegni più segreti. Tuttavia, anche se esistesse quel diario segreto mussoliniano di cui da tempo si favoleggia (ma che nessuno ha mai visto), nelle pagine dedicate ai giorni della vigilia probabilmente si troverebbero soltanto annotazioni confuse e contraddittorie, perché Mussolini cambiava idea da un giorno all'altro a seconda del mutare degli avvenimenti.

È comunque certo che meditava il bluff. Come il giocatore d'azzardo che ostenta sicurezza per intimidire gli avversari, nascondeva i suoi timori sotto una faccia feroce in attesa di sferrare il colpo gobbo. D'altronde, Mussolini era sempre stato un abile e spregiudicato giocatore. Diciotto anni prima, con un'armata brancaleone in camicia nera che un solo plotone di carabinieri sarebbe bastato a disperdere, era riuscito a conquistare Roma e il governo del paese. A soli trentanove anni, sempre bluffando, aveva messo nell'angolo tutte le vecchie barbe dell'Italia democratica e, senza incontrare ostacoli degni di nota, aveva instaurato la sua dittatura. Dopo di allora, aveva vinto innumerevoli partite (lui le chiamava «battaglie») economiche, politiche e sociali riuscendo a conquistarsi il consenso dell'intero paese e a collocare immeritatamente l'Italia fra le più grandi potenze del mondo. Nel 1934 era persino riuscito a spaventare Hitler, che tentava di annettersi l'Austria, inviando al Brennero un paio di fantomatiche divisioni fra gli applausi delle potenze occidentali. Appena due anni dopo aveva conquistato l'impero etiopico sfidando le sanzioni economiche imposte all'Italia dalla Francia, dall'Inghilterra e da quasi tutti gli altri paesi del mondo... Aveva quindi delle buone ragioni per sperare che, anche questa volta, il bluff gli sarebbe riuscito.

In attesa del momento opportuno per giocare la carta decisiva, Mussolini aveva continuato a fare la voce grossa. Il 6 aprile 1940 aveva dichiarato ai vertici del Partito: «L'Italia non può rimanere neutrale per tutta la durata della guerra senza ridursi al livello di una Svizzera moltiplicata per dieci. Il problema non è quindi di sapere se l'Italia entrerà o non entrerà in guerra, si tratta soltanto di sapere quando e come...».

Sul «quando» stava a lui decidere, ma era il «come» a tenerlo nell'incertezza. L'Italia, pur presentandosi agli occhi del mondo come una grande potenza militare capace di esercitare un peso determinante sul conflitto in corso, potente non lo era affatto. Era quindi necessario attendere il momento opportuno per intervenire quando non sarebbe stato più necessario rivelare l'effettiva consistenza delle nostre forze armate. Questa tattica attendista emerge infatti chiaramente dalle direttive emanate dal maresciallo Pietro Badoglio, capo dello stato maggiore generale, con l'approvazione di Mussolini. Eccole:

> 1) Tenere fede all'alleanza con la Germania.
>
> 2) Continuare la nostra preparazione militare evitando ogni urto con le potenze democratiche che ci obblighi a un prematuro intervento.
>
> 3) Seguendo lo scontro fra Germania, Francia e Inghilterra, prendere norma dello stato di prostrazione delle potenze democratiche per essere pronti a intervenire.
>
> 4) Occorre tuttavia non avere vincoli troppo stretti con gli alleati tedeschi perché, data la loro natura prepotente e invadente, essi potrebbero con qualche colpo di testa obbligarci a intervenire quando fosse opportuno a loro e non a noi.

A ben vedere, come osservava Indro Montanelli, il ragionamento mussoliniano e quello badogliano combaciavano. Con l'aria di riservare all'Italia una totale autonomia di decisione, essi facevano in effetti dipendere il nostro intervento dalle iniziative tedesche e dal loro successo. Le ore del destino rintoccavano ormai soltanto a Berlino.

Certamente più di Mussolini, Badoglio conosceva l'effettiva situazione in cui versava il nostro esercito perché leggeva quotidianamente i rapporti dei comandi di settore. Gli effettivi erano incompleti, le armi obsolete, l'aeronautica in crisi, i rifornimenti scarseggiavano, mancavano persino le gavette... Tuttavia, il capo dello stato maggiore, pur essendo personalmente contrario all'intervento, non compì alcun gesto per impedirlo, ma si allineò con Mussolini, anche se in seguito, quando il 25 luglio 1943 sarà chiamato a sostituirlo alla guida del governo, cercherà di occultare le proprie gravi responsabilità per scaricarle tutte sull'ex Duce.

D'altra parte, anche sul comportamento tenuto in quei giorni dal maresciallo Pietro Badoglio esistono varie versioni, tutte ricavate dal suo e dagli altri memoriali che, com'è risaputo, vanno sempre presi con le pinze perché, in genere, i memorialisti sono tutti bugiardi. Si preoccupano soltanto di difendere il proprio operato.

Secondo una versione, Badoglio si sarebbe mostrato così arrendevole nei confronti della decisione di entrare in guerra perché l'addetto militare tedesco a Roma, generale Enno von Rintelen, suo amico e inseparabile compagno di bridge, nel maggio del 1940 gli aveva esposto la situazione militare in modo talmente documentato che persino il re si era convinto che la vittoria tedesca fosse ormai un fatto definitivamente certo. Sicché, sosteneva il maresciallo, «a noi conveniva intervenire subito, anche senza gavette».

Prestando fede a un'altra versione, Badoglio sarebbe stato invece così poco convinto della esposizione «documentata» di von Rintelen da impegnarsi a persuadere Mussolini a non assumersi la responsabilità dell'intervento in guerra. Ma il Duce, ormai convinto della imminente e totale vittoria della Germania, avrebbe tagliato corto alle obiezioni del suo capo di stato maggiore con queste altezzose parole: «Signor maresciallo, possibile che non abbiate ancora capito che io ho bisogno soltanto di un migliaio di morti per potermi sedere a fianco del vincitore al tavolo delle trattative di pace?».

Per la verità, queste ciniche parole rinfacciate *post mortem* a Mussolini e oramai storicizzate, è molto dubbio che siano state effettivamente pronunciate. Non figurano neppure nella testimonianza vergata dallo stesso maresciallo e riprodotta nel libro *Badoglio racconta* scritto dalla sua devota amica Vanna Vailati con l'intento di compiere una quasi mistica esaltazione di questo discusso personaggio. Secondo quanto scrive la Vailati, quando Mussolini decise per la guerra, ne diede per primo l'annuncio allo stesso Badoglio e a Italo Balbo che lo accompagnava. Di fronte all'angosciata sorpresa dei suoi interlocutori, Mussolini avrebbe sgranato gli occhi per la meraviglia e il disappunto, ma Badoglio lo avrebbe incalzato esponendogli rapidamente la miseranda situazione delle nostre forze armate: una ventina di divisioni preparate al 70 per cento, una ventina al 50 per cento; pochi carri armati leggeri, l'aviazione a terra... Dopo di che, il maresciallo avrebbe concluso: «Duce, entrare in guerra sarebbe un suicidio».

La risposta di Mussolini, sempre secondo Badoglio, sarebbe stata questa: «Voi, signor maresciallo, avete avuto una buona visione della situazione in Etiopia nel 1935. Ora è però evidente che vi manca la calma per una esatta valutazione della situazione odierna. Io vi dico, con cognizione di causa, che a settembre tutto sarà finito. Per questo ho bisogno di entrare subito in guerra per sedermi al tavolo della pace quale belligerante». Quindi niente «mille morti».

Frattanto, a mano a mano che la Wehrmacht proseguiva la sua avanzata nel territorio francese senza incontrare alcuna reazione, la bellicosità di Mussolini aumentava in proporzione a essa. «Ormai gli prudono le mani» annotava Ciano. «Parla di impero mediterraneo e di finestra sull'oceano Atlantico. Crede ciecamente nella vittoria germanica. Alla notizia che le vittorie germaniche hanno una eco favorevole fra la popolazione, ha detto: l'opinione pubblica è una puttana che va con il maschio che vince.»

Con l'aumentare del bellicismo, era cresciuto in Mussolini anche il complesso di inferiorità nei confronti di Hitler. Soggiogato dalla sua sicurezza, ascoltava pazientemente i suoi monologhi logorroici, si entusiasmava per le sue vittorie e incassava intimidito le sue palesi sgarberie. Il rapporto fra i due dittatori si era nel frattempo capovolto. Hitler non mostrava più la reverenza di un tempo per l'antico «maestro». Lo informava a cose fatte delle sue più importanti decisioni tramite visite notturne dell'ambasciatore Hans von Mackensen che lo costringevano a balzare giù del letto. Per l'operazione in Scandinavia, per esempio, che era già stata decisa a marzo, come racconta il suo interprete Paul Schmidt, Hitler avrebbe potuto informare Mussolini venti giorni prima durante il loro incontro al Brennero, invece preferì ordinare a Mackensen di svegliare Ciano alle due di notte del 9 aprile e di farsi ricevere alle sei del mattino dal Duce per consegnargli la sua lettera che annunciava un fatto che poche ore dopo avrebbe potuto leggere tranquillamente sul giornale.

Per informare l'alleato italiano dell'invasione dell'Olanda, del Belgio e della Francia, la sveglia a Ciano era stata data dall'ambasciatore tedesco in piena notte e l'udienza al Duce non era stata neppure chiesta, ma fissata d'autorità alle cinque del mattino del 10 maggio nella sua residenza di Villa Torlonia. A questo proposito, Ciano racconta che lo stesso von Mackensen si mostrava imbarazzato nel dover eseguire delle disposizioni così screanzate verso l'uomo che Hitler aveva sempre ostentatamente rispettato. Ma Mussolini, che pure era sempre stato gelosissimo della tranquillità dei suoi sonni notturni, si era lasciato svegliare senza proteste e si era fatto trovare vestito, rasato e sorridente all'ora fissata. Poi, dopo avere letto con manifesta soddisfazione la lettera del Führer, si era detto sicuro che il successo avrebbe coronato la nuova operazione, decisa a sua insaputa e senza le consultazioni preventive stabilite dal Patto d'acciaio.

Questo era lo stato d'animo di Mussolini in quella lontana primavera del 1940 quando tutto sembrava congiurare per favorire la vittoria tedesca. La Francia era in ginocchio, l'Inghilterra era in gravi difficoltà, l'Unione Sovietica riforniva abbondantemente di materie prime l'alleata Germania, mentre il presidente Roosevelt annunciava al Congresso: «Gli Stati Uniti si mantengono ogni giorno di più ben lontani dal conflitto europeo. I nostri concittadini possono continuare a dormire sonni tranquilli...».

L'ora fatale stava dunque per scoccare. Mussolini era ormai pronto a tentare il suo bluff, tuttavia indugiava ancora. «Entrerò in guerra» confidò a Ciano il 20 maggio mentre i panzer tedeschi si affacciavano sulla Manica «soltanto quando avrò la quasi matematica certezza di vincerla.»

La certezza, senza il «quasi», gli giunse il 25 maggio da Dunkerque. Il Corpo di spedizione britannico era in rotta e stava disordinatamente rientrando in patria. La brutale profezia di von Ribbentrop si era avverata: gli unici inglesi rimasti in Europa erano i prigionieri di guerra.

IX

HITLER ARRIVA SULL'ATLANTICO

La falsa leggenda di Dunkerque

> Dunkerque brucia, bruciano i capannoni, i ponti, bruciano le carcasse dei trasporti militari ancorati alle banchine, bruciano i magazzini e i depositi, bruciano le caserme dei marinai, bruciano le pensiline degli scali merci. Alle teste dei moli, i fari e le lanterne crollano come giganteschi birilli, le gru si contorcono in matasse informi di travi, le rotaie saltano all'aria come fuscelli, le vetture ferroviarie sbottano come vesciche. In mezzo a quelle fiamme, in quel cimitero di macerie, si muovono come spettri i fanti britannici che cercano di riguadagnare la madrepatria attraverso la strada d'acqua. La loro fuga ha raggiunto lo spasmo di un colpo apoplettico: gli uomini hanno gettato le armi e fuggono come ladri sorpresi dalla polizia...

Così scriveva Virgilio Lilli, allora giovane inviato del «Corriere della Sera», unico giornalista italiano ad assistere al «colossale disastro militare», così lo definì lo stesso Churchill, che costrinse il Corpo di spedizione britannico a rientrare rovinosamente in patria. Era il 27 maggio 1940 ed era la prima volta che sul fronte occidentale si registrava un rovescio di tali dimensioni. Ma nella sua corrispondenza, a parte forse le esagerazioni catastrofiche suggerite dall'emozione del momento, Lilli non si lasciò prendere la mano da velleità propagandistiche e lo descrisse «dal vivo» con esemplare obiettività. Nel suo servizio non spreca lodi eccessive per le vittoriose armate tedesche, manifesta invece sincera ammirazione per i soldati francesi e belgi, che proteggevano la fuga dei loro alleati «contendendo con i denti alle divisioni germaniche l'ultimo lembo del loro paese bestemmiando il Re d'Inghilterra, la bandiera d'Inghilterra, il governo d'Inghilterra che li hanno abbandonati».

Ma, soprattutto, Lilli provava pietà per le truppe di colore impiegate dai francesi nelle operazioni più rischiose:

> Marocchini e tonchinesi buttati senza risparmio sotto il fuoco in uniformi europee, sotto elmetti europei e con mostrine di soldati europei sui baveri dei cappotti. Essi sembrano soldati di Francia, se visti da lontano – poveri negri! – ma visti da vicino, morti o prigionieri, si scopre la loro faccia camusa. L'uso che di essi fanno i francesi in ritirata non è onorevole per un esercito di vecchie tradizioni...

Lilli aveva seguito l'avanzata tedesca in Francia con un gruppo di giornalisti neutrali ospiti della «compagnia di propaganda» della Wehrmacht. Dall'altra parte, invece, fra gli inglesi in fuga, di giornalisti non ce n'erano più. Si erano già tutti messi in salvo in Inghilterra da dove ora si industriavano con il «sentito dire» e con la loro fantasia a colorare di rosa i resoconti di quella bruciante sconfitta per glorificarla in qualche modo, anche se di glorie ne aveva assai poche. La stampa occidentale fu infatti abilissima nel trasformare quasi in una mezza vittoria quella clamorosa disfatta. Tanto è vero che, dopo di allora, la propaganda anglosassone riuscì a dare vita alla falsa leggenda dello «spirito di Dunkerque» che sarà storicizzato da tanti libri e da tanti film.

Si raccontò infatti che a Dunkerque era accaduto un «miracolo». Che un esercito battuto, ma non sconfitto, aveva varcato la Manica in perfetto assetto di guerra senza registrare una sola smagliatura. Nessuno aveva perduto la calma. Nessuno aveva ceduto. Tutti eroi insomma. Qualcuno paragonò addirittura l'attraversamento della Manica degli inglesi in fuga al mitico passaggio del Mar Rosso compiuto dagli ebrei al seguito di Mosè. Ignorando le più evidenti contraddizioni, fu descritta da un lato a forti tinte la tempesta di ferro e di fuoco scatenata dai tedeschi, mentre dall'altro si esaltava la ferma compostezza dei reparti della Guardia «che in attesa del reimbarco si dedicavano alle consuete esercitazioni militari», o si ammirava lo stoicismo del reggimento Royal Warwick i cui uomini, benché sotto le bombe, «rifiutarono di imbarcarsi fintantoché non ebbero i capelli tagliati come prescrive il regolamento». E ancora si parlava di soldati che ingannavano l'attesa giocando a football o a cricket sulla spiaggia e di tanti altri uomini dal morale eccellente che non vedevano l'ora di ritornare in Francia per ricominciare a combattere.

Da parte sua, il sussiegoso «New York Times», non riuscendo a frenare la propria commozione per tanto eroismo, giunse a profetizzare che «fino a quando sopravviverà la lingua inglese, la parola Dunkerque sarà pronunciata con profondo rispetto». Tutti invece si guardarono bene dallo scrivere che il Corpo di spedizione britannico era riuscito a evitare il completo annientamento solo perché Hitler, per oscure ragioni di cui in seguito riparleremo, aveva ordinato alle sue divisioni corazzate di interrompere l'avanzata e di lasciare gli inglesi liberi di fuggire.

Nella realtà le cose andarono in maniera del tutto diversa. Tanto per cominciare, non ci fu l'"inferno", bensì solo un ridotto fuoco di artiglierie e un modesto intervento della Luftwaffe, mentre gli incendi e le devastazioni dei magazzini furono provocati dai militari in fuga e dagli sbandati che si erano dati al saccheggio. Si trattò, in parole povere, di una vera e propria rotta. Di una ritirata delle truppe britanniche molto più disordinata di quella di cui, dopo pochi mesi, sarebbero stati protagonisti i soldati italiani in Africa settentrionale. Testimoni oculari raccontarono di branchi di soldati completamente ubriachi che scorrazzavano per le strade commettendo violenze selvagge, di umilianti casi di codardia, come sempre accadono in situazioni del genere, di diserzioni davanti al nemico e anche di uccisioni proditorie. Un ufficiale britannico uccise un collega per impedirgli di salire sulla barca troppo piena, e non fu il solo. Un altro ufficiale superiore venne cavato a forza da una buca che si era scavato nella sabbia. Insomma, sulle spiagge inglesi non approdò un esercito battuto ma non domo, bensì una massa di sbandati avviliti e demoralizzati che gettavano i fucili dai finestrini dei treni che li portavano via.

Il Führer ordina: «Fermate i carri»

Tutto era cominciato poco più di una settimana prima, il 20 maggio, dopo che i carri armati di Guderian avevano raggiunto il mare ad Abbeville. Prevedendo il peggio, il governo britannico, ormai sordo al disperato appello degli alleati, aveva affidato al viceammiraglio sir Bertram Ramsay il compito di realizzare la già prevista operazione Dinamo, ossia «l'evacuazione di emergenza di forze considerevoli attraverso la Manica». Ramsay aveva subito iniziato a rimpatriare le «bocche inutili» e il personale non combattente, nonché apprestato una flottiglia di navigli per procedere alla totale evacuazione delle truppe britanniche.

Nei giorni seguenti, la marcia dei tedeschi era proseguita con eccezionale rapidità: il fronte belga al Nord era crollato sotto l'urto della Wehrmacht, mentre dal fronte sud le Panzerdivisionen, dopo avere raggiunto Abbeville, avevano conquistato Boulogne e Calais per poi spingersi a venti miglia da Dunkerque, insaccando in tal modo, dentro un ristretto perimetro, nove divisioni del Corpo britannico, i resti dell'esercito belga e dieci divisioni francesi. Questa enorme massa di uomini era dunque in trappola ed esposta soprattutto al rischio dei corpi corazzati nemici che avrebbero potuto introdurvisi seminando scompiglio. Infatti, benché il terreno non fosse favorevole al passaggio dei carri perché ostacolati da canali, dighe e aree allagate, i corpi corazzati di Guderian avevano comunque creato cinque teste di ponte. Tutto era dunque pronto per sferrare, come previsto dal piano Sichelschnitt, il colpo di maglio finale che avrebbe schiacciato le forze alleate contro l'incudine delle armate tedesche che stavano sopraggiungendo dal Nord.

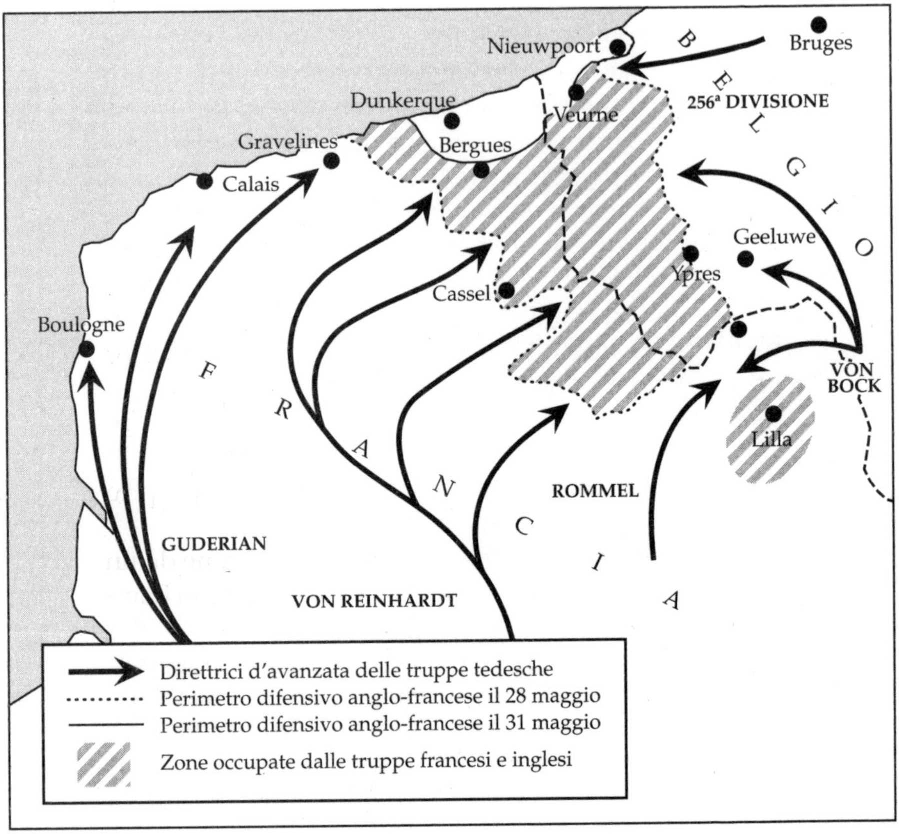

La sacca di Dunkerque (giugno 1940)

Fu a questo punto che accadde l'incredibile. Guderian, che già assaporava i frutti di una nuova vittoria, il 24 maggio ricevette inaspettatamente l'ordine di fermare i suoi carri. La sconcertante disposizione gli provocò un attacco di bile, ma questa volta non ebbe l'ardire di ribellarsi. L'ordine non proveniva dal prudente von Kleist, ostile come sempre alle temerarie puntate del suo disobbediente generale: si trattava invece di un *Führerbefehl* al quale era impossibile trasgredire. Infatti, Guderian, a malincuore obbedì, e dall'alto della torretta del suo carro armato potrà solo seguire, con il binocolo, le operazioni di reimbarco della preda che gli è stata tolta dalle mani. Nei tre giorni che seguirono i carristi tedeschi rimasero fermi, «assistendo con la rabbia nel cuore» come scrisse lo stesso Guderian, all'incessante riflusso delle divisioni britanniche senza poterle attaccare.

Sarà questa tregua provvidenziale, imposta da Hitler, a consentire il successo dell'operazione Dinamo. È infatti ammesso anche dagli storici britannici che, senza quella pausa di tre giorni, il recupero del Corpo di spedizione non avrebbe potuto avere luogo. Ma è anche un parere diffuso che, senza il recupero di tutti questi soldati, con le immaginabili conseguenze psicologiche che tale disastro avrebbe provocato nell'opinione pubblica, la Gran Bretagna sarebbe probabilmente stata costretta a riconsiderare il proprio atteggiamento e scendere a patti con Hitler.

L'operazione Dinamo era stata messa in esecuzione da un gruppo di ufficiali britannici riuniti dal viceammiraglio Ramsay in un castello di Dover che si erge sulla scogliera britannica a dominare il Passo di Calais. Era loro compito, come si è detto, riportare in patria il maggior numero di uomini del Corpo di spedizione che versava in una situazione disperata.

All'inizio del conflitto, il governo britannico aveva esitato a lungo prima di inviare i suoi uomini in aiuto della Francia. Nell'intervallo fra le due guerre, l'Inghilterra aveva silenziosamente deciso di non lasciarsi più trascinare in una nuova «caldaia di salsicce» quale era stata la prima guerra mondiale. Con novecentomila morti al passivo e quasi tre milioni di feriti, questa decisione era più che naturale. Sarebbe tuttavia sbagliato supporre che gli inglesi, quando decisero di scendere in campo al fianco della Polonia, pensassero di combattere una guerra nel modo tradizionale sui campi di battaglia europei come era accaduto vent'anni prima. Scendere in campo nel 1939 aveva significato per gli inglesi e per i francesi semplicemente fare atto di presenza nell'attesa che «qualche cosa» si muovesse nello scacchiere mondiale così da permettere di raggiungere una soluzione politica con la Germania evitando lo scontro mortale. Prima di inviare il Corpo di spedizione in Francia, gli antichi pacifisti dell'*appeasement* avevano infatti manifestato molte perplessità Ma anche nei settori più determinati si erano registrate larvate opposizioni. «Sarà un sacrificio inutile» avevano osservato cinicamente i più fatalisti. «Meglio tenerci i nostri uomini per difendere la nostra isola quando Hitler attaccherà» avevano suggerito i più prudenti. Ma alla fine lo spirito di solidarietà verso gli alleati francesi aveva avuto il sopravvento. Con il risultato finale che ora agli inglesi non rimaneva altra alternativa che ripassare la Manica prima che la morsa della Wehrmacht li stritolasse. Ma la realizzazione di questa impresa presentava gravi difficoltà.

Fino al 20 maggio, gli inglesi avevano ancora a disposizione tre porti per procedere al reimbarco delle truppe: Boulogne, Calais e Dunkerque, e anche i più ottimisti prevedevano che sarebbero occorsi almeno quattro o cinque giorni soltanto per rimpatriare non più di cinquantamila dei circa quattrocentomila uomini intrappolati nella sacca. Tre giorni dopo però, dei tre porti disponibili ne era rimasto soltanto uno, quello di Dunkerque, e la striscia di litorale controllata dagli Alleati che faceva perno su questo porto si era ridotta a soli cinquanta chilometri. La situazione intanto peggiorava di ora in ora, perché il blocco provvidenziale delle forze corazzate non aveva infatti ridotto l'impeto della Wehrmacht che procedeva nella sua marcia inarrestabile dal Nord, mentre gli Stuka e gli Heinkel, quando il tempo lo consentiva, martellavano accanitamente le divisioni nemiche in ritirata.

Lord Gort, il comandante del Corpo britannico, temendo che i tedeschi riuscissero a chiudergli definitivamente la strada per raggiungere il mare, aveva ordinato alle sue truppe di abbandonare i veicoli e i mezzi ingombranti per raggiungere al più presto il cosiddetto «perimetro di riunione» attorno a Dunkerque dove avrebbero dovuto concentrarsi in attesa dell'inizio dell'operazione Dinamo. Con gli inglesi, si erano diretti verso l'area di riunione anche i resti dell'esercito belga protetti sulla retroguardia dai reparti del I gruppo di armate francesi comandato dal generale Blanchard.

La battaglia del «perimetro»

Il 28 maggio la situazione delle truppe alleate nella sacca si fa ancora più critica. Re Leopoldo ha firmato la resa e ciò che resta dell'esercito belga si dissolve, mentre il trasferimento in corso verso il perimetro di Dunkerque minaccia di infrangersi perché i belgi, gettando le armi, hanno lasciato scoperto il fianco sinistro, tamponato alla meglio da altre divisioni britanniche. Da un giorno dall'altro, il trasferimento si trasforma così in una marcia disperata verso il mare. Gli scontri si susseguono a ritmo serrato: nell'arco di poche ore inglesi e francesi da una parte e tedeschi dall'altra perdono o conquistano nuove posizioni, avanzano, indietreggiano. La confusione nei comandi alleati è grande perché le comunicazioni sono interrotte e gli ordini possono essere diramati solo con l'impiego di spericolati motociclisti. Tuttavia i ranghi si mantengono in discreto ordine: soprattutto i francesi si battono bene per proteggere la marcia del Corpo britannico in ritirata. Anche a sud della sacca la situazione è peggiorata: la 7ª Panzerdivision di Erwin Rommel, detta anche la «divisione fantasma» per la rapidità dei movimenti, coadiuvata da sette divisioni di fanteria, ha accerchiato sei divisioni francesi attorno a Lilla che tuttavia continuano a combattere tenacemente. Si dovrà infatti ai difensori di Lilla, comandati dal generale Molinié, se Rommel non riuscirà a raggiungere Guderian sulle spiagge di Dunkerque.

Frattanto, il ripiegamento dei franco-britannici prosegue lentamente in direzione del «perimetro di riunione» che viene finalmente raggiunto la sera del 29 maggio. Da due giorni a Dunkerque ha avuto inizio l'evacuazione. Mezzi navali britannici di ogni tipo, dagli incrociatori ai cacciatorpediniere, dai traghetti ai panfili di lusso, dalle barche a vela alle barche a remi, ogni genere di galleggianti è salpato dall'Inghilterra per raccogliere i fuggiaschi. In un commovente slancio di solidarietà anche molti civili britannici, uomini e donne, si sono uniti volontariamente ai soccorritori con le loro imbarcazioni private. Già il 27 maggio sono stati evacuati 7700 militari, 17.800 il giorno dopo, 47.300 il terzo giorno e 53.800 il 30 maggio, fino a un totale complessivo di quasi 340 mila uomini. Molti di più di quanto l'ammiragliato britannico aveva previsto.

L'evacuazione continua mentre attorno al «perimetro» infuria la battaglia. I tedeschi sfondano a Bergues e a Hoymille ed è il caos. Migliaia di soldati e di civili laceri e affamati cercano scampo fra il crepitio delle mitragliatrici, lo schianto delle bombe e il terrificante ululato degli Stuka in picchiata. Il 30 maggio, il bollettino tedesco annuncia trionfante: «Il destino dell'esercito francese nell'Artois è segnato e anche le forze inglesi, insaccate nel territorio di Dunkerque, stanno per essere annientate dal nostro attacco concentrico».

Quello stesso giorno, a Dover, il viceammiraglio Ramsay ha ricevuto questo drammatico messaggio da Dunkerque: «Essendo il porto bloccato dalle navi danneggiate, tutte le manovre di evacuazione devono essere effettuate attraverso le spiagge». Ciò significa che le navi d'alto pescaggio dovranno restare al largo e procedere al trasbordo delle truppe con mezzi di fortuna. La ritirata si trasferisce lungo il litorale e la corsa alle imbarcazioni diventa frenetica. Il panico si propaga, le barche stracolme vengono assaltate e contese, molte si rovesciano. Per mantenere l'ordine o per respingere gli ultimi arrivati non si esita a sparare. Il giorno dopo, favorita dalle condizioni atmosferiche, interviene nella lotta anche la Luftwaffe. Ramsay è perciò costretto a ordinare la sospensione dell'evacuazione durante le ore diurne per non mandare al macello migliaia di soldati esponendoli al mitragliamento dei caccia tedeschi che si gettano sulle spiagge a volo radente.

Frattanto, la sacca si è ulteriormente ridotta quantunque

circa quarantamila soldati francesi proteggano ancora il ristretto perimetro difensivo. A Parigi, naturalmente, la decisione britannica di abbandonare il campo è stata accolta da proteste indignate, che aumentano a dismisura quando si scopre che gli inglesi stanno evacuando anche dalle zone che non sono state minimamente toccate dalla battaglia. Il 31 maggio, Churchill torna in volo a Parigi e, nel corso di un convulso Consiglio interalleato, rivendica ai britannici «l'onore di fare da retroguardia sul perimetro di Dunkerque». A queste parole, Reynaud e Weygand insorgono e accusano Churchill di mendacio. In effetti, sta accadendo il contrario: sono i francesi a fare da scudo agli inglesi che se ne vanno lasciandoli a terra. L'emozione è così viva che Churchill cambia atteggiamento e ordina alle navi britanniche di tornare a Dunkerque insieme a vari cacciatorpediniere francesi, per ricuperare altri superstiti. A impedire l'operazione intervengono però gli Stuka, che affondano alcune unità francesi e costringono le altre ad allontanarsi ignorando i richiami disperati dei soldati rimasti a terra.

Al rientro in Inghilterra, gli equipaggi britannici spargono la voce che sono stati i francesi a rifiutare di imbarcarsi esponendo così inutilmente agli attacchi aerei le vite degli equipaggi medesimi. La crisi dell'alleanza franco-britannica si approfondisce sempre di più. La notte del 4 giugno, Churchill decide di compiere un ultimo sforzo e le navi britanniche ricompaiono davanti a Dunkerque dove riescono a imbarcare altri 25 mila uomini abbandonando al loro destino le retroguardie francesi che ancora combattono alla periferia della città distrutta. Sulle spiagge devastate dalle bombe della Luftwaffe resta accatastato, come scriverà il feldmaresciallo Keitel, «il più grande mucchio di armi, di veicoli e di bidoni di benzina che io abbia mai visto in vita mia».

Il 5 giugno l'operazione Dinamo può ritenersi conclusa. Quella sera, il generale Alexander costeggia le spiagge e il porto di Dunkerque in fiamme a bordo di un motoscafo e solo dopo avere constatato che non c'è più un soldato inglese da recuperare, si imbarca su un cacciatorpediniere che salpa per l'Inghilterra. Tutto sommato, a dispetto delle più nere previsioni, Dinamo ha avuto successo. Sono stati complessivamente portati in salvo 338.226 soldati, fra i quali meno di 30 mila francesi. Il Corpo britannico lamenta la perdita di 68 mila uomini fra morti, feriti e prigionieri, nonché il suo intero equipaggiamento composto di 2742 cannoni, 63.879 veicoli, 21.000 motociclette e 500.000 tonnellate di carburante, munizioni e provviste varie.

Per gli inglesi l'evacuazione delle truppe da Dunkerque fu dunque quasi una vittoria e comunque fu festeggiata come tale, anche se Churchill, parlando ai Comuni, si affrettò a precisare che «le guerre non si vincono con le evacuazioni». In effetti, la situazione della Gran Bretagna era molto più critica di quanto non lo fosse mai stata nella sua storia. L'esercito, battuto e umiliato, versava in gravissime condizioni, l'aeronautica aveva subito perdite notevoli e anche la Royal Navy non offriva più le garanzie di un tempo. La campagna di Norvegia aveva rivelato la vulnerabilità delle grandi navi da battaglia se esposte a un'aviazione fornita di basi in terraferma. E la Luftwaffe si trovava ora ad appena dieci minuti di volo sull'altra costa della Manica. Sebbene l'esercito francese resistesse ancora a sud della Somme, la Francia era ormai in ginocchio e il mondo intero considerava la partita ormai perduta. Subito dopo gli avvenimenti precipitarono. L'Italia entrò in guerra il 10 giugno, il 14 i tedeschi sfilarono a Parigi sotto l'Arco di Trionfo, il 22 la Francia si arrese. Per volontà di Hitler, l'atto di capitolazione fu firmato a Compiègne nello storico vagone ferroviario (fatto appositamente prelevare dal museo per suo ordine) sul quale i tedeschi avevano firmato l'atto di resa l'11 novembre 1918. La guerra stava dunque per finire?

Perché Hitler fermò i panzer?

È un'opinione piuttosto diffusa fra gli storici che Hitler, quando il 24 maggio bloccò l'avanzata dei carri armati verso Dunkerque, lo fece con il proposito di offrire al Corpo di spedizione britannico una sorta di «salvacondotto» come prova della sua buona volontà di scendere a patti con l'impero britannico appena liquidata la Francia. Tale ipotesi, anche se respinta da chi intende presentare Hitler come un essere diabolico animato soltanto da un odio distruttore, non è affatto avventata. Mussolini, per esempio, che meglio di ogni altro conosceva, o forse soltanto immaginava, i pensieri più segreti del suo potente alleato, era così convinto che la pace fosse ormai prossima, da affrettare l'entrata in guerra dell'Italia senza più dare ascolto a chi gli rammentava che il nostro esercito non era pronto per affrontarla.

Naturalmente, per spiegare la decisione del Führer di fermare i panzer davanti a Dunkerque sono state avanzate anche altre interpretazioni, forse ritenute più onorevoli dagli storici britannici. Come quella in cui si attribuisce a Hitler semplicemente il proposito di risparmiare i suoi preziosi carri armati. O come l'altra secondo la quale sarebbe stato il vanitoso maresciallo Göring a chiedere al Führer l'onore di sterminare con la sua Luftwaffe il Corpo di spedizione britannico in rotta. Un'operazione peraltro non riuscita. L'ipotesi del «salvacondotto» resta tuttavia la più verosimile.

D'altronde è noto che Hitler rispettava l'impero britannico. Nel suo ambizioso sogno millenario, egli immaginava un mondo dominato dalla razza superiore, la razza ariana: gli «ariani» germanici in Europa, gli «ariani» britannici sui mari. Ma a parte questi disegni stravaganti, Hitler ne concepiva anche altri assai più realistici. Un giorno, per esempio, ai primi di luglio, mentre passeggiava soddisfatto, con le mani dietro la schiena, lungo un molo del porto di Calais accompagnato dal feldmaresciallo Keitel, egli si soffermò a scrutare l'orizzonte oltre la Manica perduto nei suoi pensieri. Keitel lo udì mormorare: «Essi non torneranno...». Poi, dopo un lungo silenzio, come fosse stato fulminato da un'idea, il Führer si rivolse bruscamente al suo accompagnatore. «Maresciallo,» gli chiese a bruciapelo «lei crede che attaccando subito la Russia sarebbe possibile abbatterla prima dell'inverno?»

Keitel era abituato a dare sempre ragione al suo Führer, tuttavia quella domanda inattesa gli mozzò il respiro e non trovò la forza di rispondergli. Hitler si degnò allora di esporgli il suo pensiero. Non riusciva a trovare una spiegazione ragionevole allo sconcertante atteggiamento assunto da Churchill dopo la conquista della Francia. L'Inghilterra era rimasta sola di fronte alla Germania e Churchill doveva avere compreso che la partita era ormai perduta. Perché allora si ostinava a resistere? Nascondeva forse un asso nella manica? Sperava forse di trovare un nuovo alleato? Ma chi poteva essere in questo caso l'eventuale alleato? Gli Stati Uniti certamente no. L'America, a parere di Hitler, era incapace di fare la guerra. Non restava quindi che la Russia. Quella Russia che continuava volenterosamente a rifornire di petrolio l'«amica» Germania, ma che forse attendeva il momento favorevole per colpirla alle spalle.

Hitler non si fidava di Stalin. Era consapevole che entrambi avevano firmato quel patto d'amicizia in completa malafede solo per spartirsi la Polonia e garantire i rispettivi confini. Quindi, rifletteva Hitler, si rendeva opportuno abbattere la Russia al più presto, prima che l'Armata Rossa avesse il tempo di rinforzarsi dopo le perdite subite in Finlandia. In tal modo sarebbe stato possibile ottenere due risultati: togliere all'Inghilterra il supporto sovietico che sperava di poter ottenere e, nello stesso tempo, consentire alla Germania di allargare a est il suo *Lebensraum* per conquistare il quale aveva iniziato questa guerra. A parere di Hitler, un attacco tedesco alla Russia avrebbe anche soddisfatto le attese degli ambienti finanziari occidentali, nonché del suo amico Mussolini, i quali, durante la *drôle de guerre*, si erano affannati per indurlo a ribaltare le alleanze e ad abbattere l'impero bolscevico. Il problema di Hitler era dunque soltanto di calendario. Si poteva battere la Russia prima del sopraggiungere dell'inverno? Era appunto su questa possibilità che il Führer chiedeva l'opinione del comandante della Wehrmacht.

Riportato nel suo campo specifico, Keitel riprese fiato ed espose il suo pensiero. Anche a suo parere, l'Armata Rossa, dopo le pessime prove rivelate in Finlandia, era un gigante con i piedi d'argilla. Abbatterla non sarebbe stata un'impresa difficile. Ma in quel momento l'esercito tedesco era ancora tutto impegnato in Occidente e sarebbero occorse almeno otto settimane per riorganizzarlo, equipaggiarlo e trasferirlo in Polonia. Di conseguenza, la campagna non poteva iniziare prima dell'autunno del 1940, ossia quando in Russia avrebbe avuto inizio la stagione del fango. Perciò, per quanto debole potesse risultare l'Armata Rossa, le grandi distanze e soprattutto le strade rese impraticabili avrebbero rallentato l'avanzata delle Panzerdivisionen impedendo loro di abbattere la Russia prima del sopraggiungere dei grandi freddi invernali.

Furono appunto queste considerazioni espresse da Keitel a indurre Hitler a rinviare alla primavera dell'anno successivo, il 1941, l'esecuzione dell'operazione Barbarossa, ossia l'attacco all'Unione Sovietica che era già stato opportunamente pianificato dallo stato maggiore della Wehrmacht. Ma anche in questo caso il calendario avrà un ruolo determinante. Come sappiamo, Barbarossa sarebbe dovuta scattare il 10 maggio 1941, ma Hitler fu costretto a rinviarla al 21 giugno «per colpa degli italiani». Mussolini infatti, bramoso di cogliere almeno una facile vittoria, il 28 ottobre 1940 aveva aggredito inopinatamente la Grecia convinto di liquidarla in pochi giorni. Invece, i greci avevano resistito eroicamente all'aggressione cosicché, nella primavera del 1941, la Wehrmacht era stata costretta a distogliere alcune divisioni da Barbarossa per inviarle in Grecia in aiuto degli italiani che versavano in drammatiche difficoltà. Quei quarantadue giorni di ritardo sul calendario dell'operazione risulteranno fatali. I tedeschi riusciranno infatti a travolgere l'Armata Rossa, ma saranno fermati prima dal fango e poi dal «generale inverno» a soli dodici chilometri da Mosca. Con il risultato che la Germania venne così a trovarsi a combattere su due fronti mentre l'Inghilterra, fino a quel momento isolata, troverà un nuovo potente alleato per muovere alla riscossa.

Ma tutto questo nell'estate del 1940 non era ancora avvenuto. In quei giorni, dopo la caduta della Francia, Hitler era effettivamente deciso a voltare pagina e a rivolgere le sue mire a Oriente, sicuro che gli occidentali avrebbero applaudito la sua marcia contro l'impero bolscevico. Era di sicuro animato da questo progetto quando, il 19 luglio 1940, il giorno della sua apoteosi, allorché le truppe tedesche vittoriose sfilarono per la prima volta dopo il 1871 sotto la porta di Brandeburgo, egli offrì all'Inghilterra un immenso ramo d'olivo. Pronunciò infatti al Reichstag un discorso di esemplare moderazione:

> La coscienza mi obbliga a lanciare all'Inghilterra un nuovo appello alla ragione. Credo di poterlo fare perché non sono un vinto che chiede, ma un vincitore che non ha nulla da chiedere. Io non voglio assolutamente e per nessuna ragione continuare questa lotta contro l'Inghilterra. Deploro le vittime che essa causa e vorrei risparmiarle. *Herr Churchill* troverà forse in queste parole una prova del mio dubbio sull'esito finale. Ma mi sono liberato la coscienza...

L'eco di questo discorso fu prodigiosa. Per un attimo, il popolo tedesco credette all'avverarsi di un miracolo: l'Inghilterra che deponeva le armi vinta dalla generosità del Führer... Ma fu appunto soltanto un attimo. La fiera e ringhiosa risposta di *Herr Churchill* non si fece attendere e non fu la risposta di un vinto: «La Germania avrà la pace solo se evacuerà tutti i territori che ha occupato, solo se restaurerà tutte le libertà che ha abbattuto e solo se darà garanzie per l'avvenire...».

La proposta di pace offerta da Hitler, in cui sperava fermamente anche Mussolini entrato in guerra da pochi giorni, restò quindi inevasa. Il conflitto continuerà allargandosi e intensificandosi. Gli eventi di grande risonanza che terranno il mondo in ansia in questo cruento e grandioso teatro di guerra, come la battaglia d'Inghilterra, la minacciata, ma mai eseguita operazione Leone marino, ossia lo sbarco in Inghilterra, l'invio in Libia dell'Afrikakorps di Erwin Rommel, non saranno altro, come ha scritto Raymond Cartier, che «un grande camuffamento o, tutt'al più, una successione di operazioni secondarie». Il pensiero di Hitler era ormai orientato in maniera inflessibile. Tutto ciò che non preparava l'annientamento dell'Unione Sovietica era, ai suoi occhi, accessorio.

Di corsa verso il baratro

La rotta di Dunkerque fu la goccia che fece traboccare il vaso in Italia. Gli inglesi in fuga rovinosa dal continente europeo, l'esercito francese in pieno disfacimento e la vittoria dei tedeschi data da tutti per scontata avevano infiammato anche gli italiani più pacifisti. Nei distretti militari fioccavano le domande di arruolamento volontario. Personaggi di ogni età, veterani dell'altra guerra, si dicevano pronti a impugnare le armi. «I vecchi combattenti» assicurava una canzonetta diffusa dalla radio «son diventati grigi, però ritornan giovani se puntan su Parigi...» Tutti, insomma, avevano una gran fretta di andare a combattere. Tanto, commentavano i più scaltri, la guerra sarà finita prima ancora di essere cominciata...

Anche Galeazzo Ciano, che si era a lungo battuto per impedire il nostro intervento, si era trasferito armi e bagagli sul fronte degli interventisti e aveva chiesto di essere richiamato alle armi come ufficiale pilota. E così pure quei gerarchi che non avevano finora nascosto le loro perplessità. Tutti ora volevano la guerra, pronti tuttavia, quando le cose si metteranno al brutto, a ricredersi e a scaricare su Mussolini ogni responsabilità. Italo Balbo, il governatore della Libia, si riprometteva, per esempio, di giungere al Cairo in un paio di settimane. Dino Grandi, l'ex ambasciatore a Londra, l'amico degli inglesi che tre anni dopo avrebbe tradito il suo Duce, si era addirittura inginocchiato davanti a Mussolini dichiarando di essersi pentito dell'aver dubitato della sua lungimiranza. «Confesso» gli aveva detto «di avere sbagliato tutto.» L'intero elenco degli interventisti pentiti occuperebbe troppe pagine.

Nel frattempo, molti capi di Stato erano intervenuti per fermare la marcia dell'Italia verso la guerra. Il 16 maggio lo stesso Winston Churchill, l'antico ammiratore di Mussolini nominato da pochi giorni capo del governo britannico, gli aveva inviato questo messaggio toccante e solenne:

> Ora che ho assunto l'ufficio di primo ministro e di ministro della Difesa, torno con la memoria ai nostri incontri di Roma e sento il desiderio di rivolgere parole di buona volontà a Voi come capo della nazione italiana, attraverso quello che sembra divenire un baratro rapidamente allargantesi. È troppo tardi per impedire che scorra un fiume di sangue fra il popolo italiano e quello britannico? Non v'è dubbio che entrambi possiamo reciprocamente infliggerci gravi danni e massacrarci l'un l'altro duramente e oscurare il Mediterraneo con la nostra lotta. Se Voi così decidete, bisogna che sia così; ma io dichiaro che non sono mai stato nemico del popolo italiano, né mai sono stato nel mio cuore nemico di Colui che dà le leggi all'Italia. Sarebbe fuor di luogo fare previsioni sul corso della battaglia che ora divampa in Europa, ma sono sicuro che qualunque cosa possa accadere sul continente, l'Inghilterra proseguirà fino alla fine, anche se completamente sola, come abbiamo già fatto altre volte, e io ritengo con qualche buon motivo che saremo aiutati in maniera crescente dagli Stati Uniti d'America e anzi da tutte le Americhe. Vi prego di credere, signor Mussolini, che è senza alcuno spirito di debolezza o di paura che io Vi rivolgo questo solenne appello di cui rimarrà memoria. Attraverso tutte le epoche, sopra tutti gli altri richiami, ci giunge il grido che gli eredi comuni della civiltà latina e cristiana non debbono affrontarsi in una lotta mortale. Ascoltatelo, ve ne scongiuro, con tutto l'onore e con tutto il rispetto.

Ma a nulla valsero le accorate parole del premier britannico. «La decisione è presa» annotava il 29 maggio Galeazzo Ciano nel suo diario. «Il dado è tratto. Mussolini ha consegnato stamane la sua comunicazione a Hitler circa l'entrata in guerra. La data prescelta è il 5 giugno.»

Stiamo dunque per entrare in guerra, ma non sappiamo ancora chi sarà il comandante delle nostre forze armate. Secondo lo Statuto albertino, questo incarico spettava ovviamente al re. Ma già alcuni anni prima, nel corso di un dibattito al Senato, il Duce aveva annunciato che, in caso di guerra, avrebbe assunto lui stesso il comando delle forze armate. Tuttavia non era stata presa alcuna decisione per trasformare questa proposta in legge. Soltanto il 15 maggio 1940 Mussolini era tornato sull'argomento e aveva affidato a Ciano il compito di convincere il sovrano a delegargli l'importante incarico. Vittorio Emanuele aveva reagito con fastidio: riteneva umiliante rinunciare all'alto comando che fino ad allora era stato un'assoluta prerogativa dei sovrani. Resistette infatti fino al 28 maggio, ma infine si arrese a malincuore giustificandosi con il dire che lo faceva per amor di patria, «dal momento che non è proprio il caso di aprire una crisi con la guerra alle porte». Quel giorno, Galeazzo Ciano annotava soddisfatto nel suo diario: «Stamane alle 11 è nato l'alto comando. Poche volte ho visto Mussolini così felice. Ha realizzato il suo vero sogno: quello di diventare il condottiero del Paese in guerra». L'organigramma dell'alto comando risultò così suddiviso. Mussolini comandante in capo, Pietro Badoglio capo di stato maggiore generale, il maresciallo Rodolfo Graziani capo di stato maggiore dell'esercito, il generale Francesco Pricolo dell'aeronautica e l'ammiraglio Domenico Cavagnari della marina.

Il re non fece dunque alcuna opposizione. Ormai la Francia era in ginocchio, Hitler aveva la vittoria a portata di mano e anche il sovrano aveva messo molta acqua nel vino della sua tedescofobia e anche in quello della sua segreta speranza di una lunga resistenza francese. «Dopo tutto» aveva ripetuto con il suo aiutante di campo generale Puntoni, dopo la firma del decreto, «gli assenti hanno sempre torto». Anche a Vittorio Emanuele era apparso inesplicabile che l'apparato difensivo francese, opera del generale Gamelin di cui Badoglio gli aveva parlato tante volte con entusiasmo, avesse fatto una fine così miseranda. Per spiegarsi questo tracollo, il re aveva finito per accreditare la nota voce che, per vanteria, l'ambasciatore sovietico aveva messo in circolazione a Roma, relativa alla presenza nell'esercito francese dei settecentomila militari comunisti desiderosi di far vincere l'alleato di Stalin. «Anche i francesi» aveva concluso con una punta di malignità «hanno avuto la loro Caporetto. Una sconfitta militare di origine politica.»

Mussolini dunque fremeva. Il 1° giugno Ciano sottopose il testo delle dichiarazioni di guerra all'Inghilterra e alla Francia a Vittorio Emanuele, che lo lesse con attenzione. «Si illudono» commentò «coloro che parlano di guerra breve e facile: ci sono ancora molte incognite. L'orizzonte è molto diverso da quello del maggio 1915.» Ma poi approvò il documento. Mancavano quindi soltanto quattro giorni alla data fissata per l'inizio delle ostilità, ma quello stesso pomeriggio accadde un fatto inatteso. L'ambasciatore Mackensen recapitò al Duce la risposta scritta del Führer, il quale, pur accogliendo «con entusiasmo» la notizia del nostro intervento, pregava l'amico Mussolini di posticipare la data di alcuni giorni per avere il tempo di concludere rapidamente alcune imprecisate operazioni in corso. Come spiegare questa strana richiesta? Da mesi Hitler spronava l'alleato affinché entrasse in guerra al più presto, ora invece lo invitava a rinviare l'intervento... «Quello vuol vincere da solo» dovette pensare Mussolini. Infatti, ora che la Francia stava per crollare, Hitler intendeva effettivamente attribuirsene il merito esclusivo senza doverlo condividere con l'alleato.

Nascondendo il suo disappunto Mussolini scrisse il 2 giugno un'altra lettera al Führer per esprimergli, in tono quasi supplichevole, il suo desiderio di «vedere almeno una rappresentanza dell'esercito italiano combattere insieme a Vostri soldati per suggellare sul campo la fraternità delle armi e il cameratismo delle nostre Rivoluzioni. Se Voi accettate questa mia offerta, Vi manderò subito alcuni reggimenti di bersaglieri che sono soldati valorosi e resistenti».

L'offerta fu rifiutata, Hitler non aveva più bisogno dell'aiuto italiano per distruggere le ultime resistenze francesi. Mussolini si rassegnò quindi a rinviare l'entrata in guerra dell'Italia e inviò a Berlino questo messaggio: «Il mio programma è il seguente: lunedì 10 giugno, ripeto 10 giugno, dichiarazione di guerra. Inizio delle operazioni l'11 all'alba».

Ricevuto il benestare dal Führer, il Duce comunicò al re la nuova data e il sovrano sembrò rallegrarsene, ma solo per ragioni scaramantiche. Gli spiegò infatti che l'11 era il suo numero preferito perché era nato l'undicesimo giorno dell'undicesimo mese (11 novembre 1869) e che da recluta era stato immatricolato con il numero 1111. Tutto lascia pensare che il re, impressionato dalle inattese (e per lui non gradite) vittorie tedesche, avesse anche lui ceduto, al pari di Mussolini, alla cupidigia per il bottino che prometteva la guerra lampo. La sua decisione è però imperdonabile. Da grande intenditore quale egli era di cose militari, conosceva perfettamente lo stato di penosa impreparazione delle nostre forze armate, e ciononostante volle scommettere sul bluff mussoliniano.

In attesa dell'«ora zero», Mussolini non riusciva a frenare la propria impazienza. Nessuno ormai sarebbe riuscito a fermarlo. Fallì anche un ultimo energico tentativo compiuto dal presidente Roosevelt il quale, ricordandogli i tradizionali interessi americani nel Mediterraneo, lo avvertiva che un intervento dell'Italia in guerra avrebbe determinato il «raddoppio» dei rifornimenti USA agli alleati. Mussolini gli rispose sgarbatamente che «l'America non ha più interessi nel Mediterraneo di quanti non ne abbia l'Italia nel Mare dei Caraibi».

A Londra intanto si stava registrando uno scontro fra il ministro degli Esteri Edward Halifax, ancora intenzionato ad ammorbidire Mussolini offrendogli concessioni di ampia portata pur di indurlo ad aprire un colloquio di pace con Hitler e il premier Winston Churchill, ormai convinto che Mussolini sarebbe sceso in guerra «anche se gli fossero state offerte Tunisia, Corsica, Nizza e Savoia». Se avesse vinto Lord Halifax, il corso della storia forse sarebbe stato diverso, ma fu Churchill ad avere la meglio.

La fretta dimostrata da Mussolini per entrare in guerra aveva convinto tutti gli osservatori militari che l'Italia avesse in serbo una grossa sorpresa, un blitz clamoroso, come imponeva la nuova strategia della guerra lampo, per la cui esecuzione stavano per scadere i tempi. Ma di che progetto si trattava? Anche i tedeschi si erano posti questo interrogativo, tuttavia non erano riusciti a trovare una precisa risposta. Nondimeno, erano tutti giunti alla medesima conclusione: il primo blitz italiano avrebbe avuto come bersaglio l'isola di Malta. Bastava d'altronde dare un'occhiata alla carta geografica per capire che solo eliminando quella base navale britannica l'Italia non avrebbe più incontrato difficoltà per rifornire il suo esercito schierato in Libia. La pensava così anche l'ammiraglio Wilhelm Canaris, capo dei servizi segreti tedeschi, il quale si era rivolto all'addetto militare a Roma, generale Enno von Rintelen, per averne conferma. Ricevuta una risposta negativa, Canaris non aveva però cambiato opinione. «Evidentemente» aveva commentato «gli italiani sanno custodire i segreti meglio dei tedeschi.»

Anche i pochi inglesi rimasti a Malta si attendevano uno sbarco italiano fin dal primo giorno del conflitto. L'isola era stata da tempo sgomberata. La flotta si era trasferita ad Alessandria e nell'isola era rimasto soltanto un piccolo presidio con appena tre aerei da caccia che gli inglesi ribattezzarono significativamente *Faith*, *Hope* e *Charity*, fede, speranza e carità. D'altra parte, lo stato maggiore britannico non avrebbe scommesso uno scellino sulla sorte dell'isola. Con la Sicilia a ottanta chilometri, si riconosceva, e i bombardieri italiani a mezzora di volo, sarebbe stato inutile farsi delle illusioni.

Invece non accadrà nulla e il bluff mussoliniano sarà quanto prima scoperto. Nessun progetto militare era stato messo allo studio dal nostro stato maggiore. Mussolini aveva soltanto fretta di entrare in una guerra che stava per finire e dalla quale temeva che Hitler intendesse lasciarlo fuori. Il 10 giugno, alle 16.30, Galeazzo Ciano convocò a Palazzo Chigi gli ambasciatori di Francia e d'Inghilterra André François-Poncet e sir Percy Loraine per consegnare loro, come vuole la prassi diplomatica, la formale dichiarazione di guerra ai paesi da essi rappresentati. Percy Loraine accolse la comunicazione senza batter ciglio. «Imperturbabile,» annoterà Ciano «si è limitato a scrivere la formula esatta da me usata e ha chiesto se doveva considerarla un preavviso o la vera e propria dichiarazione di guerra. Saputo che era tale, si è ritirato con dignità e cortesia. Sulla soglia ci siamo scambiati una lunga e cordiale stretta di mano.»

Più drammatico fu il colloquio di Ciano con François-Poncet. Appena due giorni prima, quando si era sparsa la voce della prossima dichiarazione di guerra alla Francia, l'ambasciatore francese si era dimostrato incredulo. «Ritengo» aveva detto «che non sia nell'interesse italiano lo schiacciamento della Francia.» Poi aveva aggiunto: «Rifiuto inoltre di credere che Mussolini vorrà togliere a Stalin la gloria di colpire un caduto...». Ma ecco il resoconto integrale dell'incontro con François-Poncet scritto dal ministro degli Esteri italiano:

> Gli ho detto: «Probabilmente avrete già compreso le ragioni della mia chiamata». Ha risposto: «Benché io sia poco intelligente, questa volta ho capito». Ma ha sorriso per un istante solo. Dopo avere ascoltato la dichiarazione di guerra ha replicato: «È un colpo di pugnale a un uomo in terra. Vi ringrazio comunque di usare un guanto di velluto». Ha continuato dicendo che lui aveva previsto tutto ciò da due anni e non aveva più sperato di evitarlo dopo la firma del Patto d'acciaio. Non si rassegnava a considerarmi un nemico, né poteva considerare tale nessun italiano. Comunque, poiché per l'avvenire bisognava ritrovare una formula di vita europea, augurava che fra Italia e Francia non venisse scavato un solco incolmabile. «I tedeschi sono padroni duri» ha detto. «Ve ne accorgerete anche voi.» Non ho mai risposto. Non mi sembrava il momento di polemizzare. «Cercate di non farvi ammazzare» ha concluso François-Poncet accennando alla mia uniforme di aviatore e mi ha stretto la mano.

Secondo quanto ha scritto François-Poncet, il colloquio con Ciano avrebbe invece avuto una conclusione diversa. L'ambasciatore francese condannò la decisione italiana di «vibrare una pugnalata alla schiena» per poi aggiungere: «Se fossi in voi, non ne sarei affatto orgoglioso». Ciano, arrossendo, si sarebbe limitato a rispondergli: «Mio caro Poncet, tutto questo durerà *l'espace d'un matin*. Ben presto ci ritroveremo tutti davanti a un tavolo verde».

Poco più tardi, alle 18 in punto, Mussolini si affacciò al balcone di Palazzo Venezia che dava sulla piazza già gremita di una folla strabocchevole per annunciare che la guerra era stata dichiarata. Il suo discorso fu diffuso dalla radio in tutto il paese:

> Un'ora segnata dal destino batte nel cielo della nostra patria. L'ora delle decisioni irrevocabili. La dichiarazione di guerra è già stata consegnata agli ambasciatori di Gran Bretagna e di Francia. Scendiamo in campo contro le democrazie plutocratiche e reazionarie dell'Occidente che, in ogni tempo, hanno ostacolato la marcia e spesso insidiato l'esistenza medesima del popolo italiano...

Fra vane illusioni, speranze scaramantiche, errori e furbizie, il giocatore d'azzardo Benito Mussolini calava sul tavolo verde della storia la sua prima carta sbagliata. Finiva così «la strana guerra» e cominciava quella vera.

BIBLIOGRAFIA

Alfassio Grimaldi, Ugoberto e Bozzetti, Gherardo, *Dieci giugno 1940*, Roma-Bari, Laterza, 1974.
Anfuso, Filippo, *Roma, Berlino, Salò, 1936-1945*, Milano, Garzanti, 1950.
Badoglio, Pietro, *L'Italia nella seconda guerra mondiale*, Milano, Mondadori, 1946.
Bandini, Franco, *Tecnica della sconfitta*, Milano, Sugar, 1963.
Bastianini, Giuseppe, *Volevo fermare Mussolini*, Milano, Rizzoli, 2005.
Bertoldi, Silvio, *Vittorio Emanuele III*, Torino, UTET, 1970.
–, *Badoglio*, Milano, Rizzoli, 1982.
Bottai, Giuseppe, *Vent'anni e un giorno*, Milano, Garzanti, 1949.
Cartier, Raymond, *La seconda guerra mondiale*, Milano, Mondadori, 1968.
Churchill, Winston, *La seconda guerra mondiale*, Milano, Mondadori, 1970.
Ciano, Galeazzo, *Diario (1937-1943)*, Milano, Rizzoli, 1980.
–, *L'Europa verso la catastrofe*, Milano, Mondadori, 1983.
Collier, Riccardo, *Duce! Duce!*, Milano, Mursia, 1971.
D'Aroma, Nino, *Vent'anni insieme*, Bologna, Cappelli, 1957.
De Felice, Renzo, *Mussolini*, Torino, Einaudi, 1967.
Dollman, Eugen, *Roma nazista*, Milano, Longanesi, 1951.
Fusco, Giancarlo, *Le rose del ventennio*, Milano, Rizzoli, 1974.
Kershaw, Ian, *Gli amici di Hitler*, Milano, Bompiani, 2005.
Lamb, Richard, *Mussolini e gli inglesi*, Milano, TEA, 2002.
Leibovitz, Clement e Finkel, Alvin, *Il nemico comune*, Milano, Fazi, 2005.
Guerri, Giordano Bruno, *Galeazzo Ciano*, Milano, Bompiani, 2005.
Leto, Guido, *Ovra: fascismo-antifascismo*, Bologna, Cappelli, 1952.
Montanelli, Indro e Cervi, Mario, *L'Italia dell'Asse*, Milano, Rizzoli, 1980.
Pini, Giorgio, *Filo diretto con Palazzo Venezia*, Bologna, Cappelli, 1950.

Puntoni, Paolo, *Parla Vittorio Emanuele III*, Bologna, il Mulino, 1993.
Shirer, William, *Storia del Terzo Reich*, Milano, Einaudi, 1962.
Spinosa, Antonio, *Mussolini. Il fascino di un dittatore*, Milano, Mondadori, 1989.
Taylor, Alan, *Le origini della seconda guerra mondiale*, Roma-Bari, Laterza, 1972.
Toscano, Mario, *Le origini diplomatiche del patto d'acciaio*, Firenze, Sansoni, 1956.
Vailati, Vanna, *Badoglio*, Torino, ILTE, 1955.

FONTI ICONOGRAFICHE

Deltafoto, Roma: il re di Norvegia Haakon VII
Giacomelli: Kyosti Kallio e Carl Gustaf Mannerheim
Imagno / Archivi Alinari, Firenze: il sovrano danese Cristiano X
Imperial War Museum, Londra: Maurice Gamelin, John Gort, Winston Churchill e William Ironside
Istituto Luce, Roma: Joachim von Ribbentrop e Galeazzo Ciano davanti a Villa Madama a Roma
Ullstein Bild / Archivi Alinari, Firenze: Reinhard Heydrich e Alfred Naujocks; Vjačeslav Molotov, Joachim von Ribbentrop e Stalin; Hitler fa ingresso a Danzica; il sommergibile U-47 con l'equipaggio; l'esplosione della corazzata tedesca *Admiral Graf Spee;* una località della Finlandia in fiamme; soldati della Wehrmacht in una località della Danimarca; il Führer decora i militari che hanno partecipato alla conquista del forte di Eben-Emael
TK Pietinen: Risto Ryti a colloquio con i suoi aiutanti di campo

INDICE DEI NOMI

Arnoldo Mondadori Editore S.p.A.

Questo volume è stato stampato
presso Mondadori Printing S.p.A.
Stabilimento Nuova Stampa Mondadori - Cles (TN)

Stampato in Italia - Printed in Italy

L'EUROPA NELLA PRIMA FASE DELLA SECONDA GUERRA MONDIALE (1939-1940)